大方廣佛華嚴經 讀誦

26

🪷 일러두기

1. 『독송본 한문·한글역 대방광불화엄경』은 실차난타가 한역(695~699)한 80권 『대방광불화엄경』의 한문 원문과 한글역을 함께 수록한 것이다. 한문에는 음사와 현토를 부기하였다.

2. 원문의 저본은 고종 2년(1865) 월정사에서 인경한 고려대장경 『대방광불화엄경』에 한암 스님이 현토(1949년)한 것을 범룡 스님이 영인 출판(1990년)한 『대방광불화엄경』이다.

3. 한문은 저본에서 누락되었거나 글자가 다르다고 판단된 부분은 저본인 고려대장경 각권의 말미에 교감되어 있는 내용을 중심으로 하고 봉은사판 『대방광불화엄경수소연의초』와 신수대장경 각주에서 밝힌 교감본을 참조하여 보입하고 수정하였다.

4. 한글 번역은 동국역경원에서 발간한 한글 『대방광불화엄경』(운허)을 중심으로 하고 『신화엄경합론』(탄허)과 『대방광불화엄경 강설』(여천무비) 그리고 최근의 여타 번역본 등을 참조하였다.

5. 저본의 원문에서 이체자의 경우 혼글이 제공하는 이체자는 그대로 살리고 혼글이 제공하지 않는 글자는 통용되는 정자로 바꾸었다. 예) 間 → 閒 / 焰 → 㷼 / 宫 → 宮 / 偁 → 稱

6. 한글 번역은 독송과 사경을 위하여 정확성과 아울러 가독성을 고려하였다. 극존칭은 부처님과 불경계에 대해서만 사용하였다.

7. 독송본의 차례는 일러두기 → 본문 → 화엄경 목차 → 간행사의 순차이다.
   (법공양판에는 간행사 다음에 간행불사 동참자를 밝혀 두었다.)

8. 독송본의 한글역은 사경의 편의를 도모하기 위해 그 편집을 달리하여 『사경본 한글역 대방광불화엄경』으로 함께 간행한다. 독송본과 사경본 모두 80권 『대방광불화엄경』의 권별 목차 순으로 간행한다.

독송본 한문·한글역

대방광불화엄경 제26권
大方廣佛華嚴經 卷第二十六

25. 십회향품 [4]
十迴向品 第二十五之四

실차난타 한역
수미해주 한글역

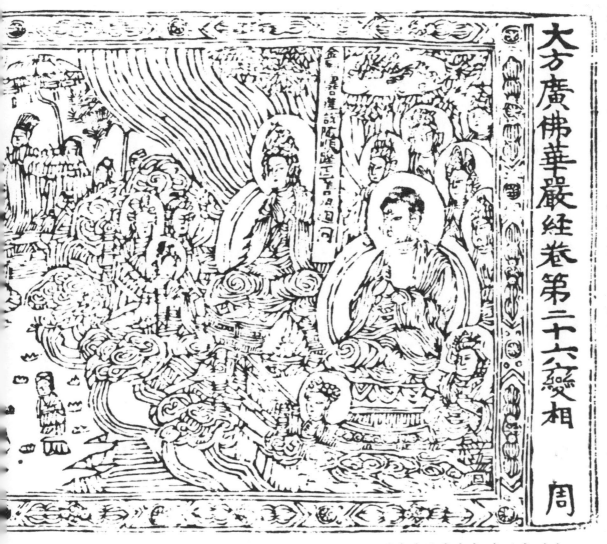

대방광불화엄경 제26권 변상도

대방광불화엄경
제26권

25. 십회향품 [4]

대방광불화엄경 권제이십육
大方廣佛華嚴經 卷第二十六

십회향품 제이십오지사
十迴向品 第二十五之四

불자　보살마하살　이종종거　중보엄식
佛子야 菩薩摩訶薩이 以種種車의 衆寶嚴飾으로

봉시제불　급제보살　사장선우　성문연각
奉施諸佛과 及諸菩薩과 師長善友와 聲聞緣覺의

여시무량종종복전　내지빈궁고로지자
如是無量種種福田과 乃至貧窮孤露之者하나니

차제인중　혹종원래　혹종근래　혹승
此諸人衆이 或從遠來하며 或從近來하며 或承

1

대방광불화엄경 제26권

25. 십회향품 [4]

"불자들이여, 보살마하살이 갖가지 수레를 온갖 보배로 장엄하게 장식하여, 모든 부처님과 모든 보살들과 스승과 선우와 성문과 연각과 이와 같은 한량없는 갖가지 복밭과 내지 빈궁하고 외로운 자들에게 받들어 보시하니, 이 모든 사람들이 혹은 멀리서 오며 혹은 가

보살명문고　래　　　혹시보살인연고　래
菩薩名聞故로 來하며 或是菩薩因緣故로 來하며

혹문보살왕석소발시원고　래　　　혹시보살
或聞菩薩往昔所發施願故로 來하며 或是菩薩

심원청래
心願請來니라

보살　시시　혹시보거　　　혹시금거　　실묘
菩薩이 是時에 或施寶車하며 或施金車호대 悉妙

장엄　　　영망부상　　　보대수하　　혹시상묘
莊嚴하야 鈴網覆上하고 寶帶垂下하며 或施上妙

유리지거　　무량진기　　이위엄식
瑠璃之車호대 無量珍奇로 以爲嚴飾하나라

혹부시여백은지거　　　부이금망　　　가이준
或復施與白銀之車호대 覆以金網하고 駕以駿

까이서 오며, 혹은 보살의 명성을 듣고 오며 혹은 보살의 인연으로 오며, 혹은 보살이 지난 옛적에 세운 보시하려는 서원을 듣고 오며, 혹은 보살이 마음의 서원으로 청하여 온 것이다.

보살이 이때에 혹은 보배 수레를 보시하고 혹은 황금 수레를 보시하니 모두 미묘하게 장엄하여 방울과 그물을 위에 덮고 보배 띠를 드리웠다. 혹은 가장 미묘한 유리 수레를 보시하니 한량없는 진귀한 보배로 장식하였다.

혹은 다시 백은 수레를 보시하니 금 그물을

마 　 혹부시여무량잡보소장엄거 　 부이
馬하며 或復施與無量雜寶所莊嚴車호대 覆以

보망 　 가이향상
寶網하고 駕以香象하니라

혹부시여전단지거 　 묘보위륜 　 잡보위
或復施與栴檀之車호대 妙寶爲輪하고 雜寶爲

개 　 보사자좌 　 부치엄호 　 백천채녀 　 열
蓋하고 寶師子座를 敷置嚴好하야 百千采女가 列

좌기상 　 십만장부 　 견어이행
坐其上하고 十萬丈夫가 牽御而行하니라

혹부시여파려보거 　 중잡묘보 　 이위엄
或復施與玻瓈寶車호대 衆雜妙寶로 以爲嚴

식 　 단정여인 　 충만기중 　 보장부상
飾하고 端正女人이 充滿其中하며 寶帳覆上하고

당번시측
幢幡侍側하니라

덮고 준마를 매었으며, 혹은 다시 한량없는 여러 가지 보배로 장엄한 수레를 보시하니 보배 그물을 덮고 향기 나는 코끼리를 매었다.

혹은 다시 전단 수레를 보시하니 묘한 보배로 바퀴가 되고 여러 가지 색 보배로 일산이 되고 보배 사자좌를 장엄하여 놓았으며, 백천 채녀가 그 위에 줄지어 앉았고 십만 장부가 끌고 간다.

혹은 다시 파려 보배 수레를 보시하니 온갖 여러 가지 묘한 보배로 장엄하게 꾸미고 단정한 여인들이 그 안에 가득하며 보배 휘장을 위에 덮고 당기와 깃발을 든 이들이 곁에 있었

혹부시여마노장거　　식이중보　　훈제잡
或復施與碼碯藏車호대　飾以衆寶하고　熏諸雜

향　　종종묘화　　산포장엄　　백천채녀　　지
香하며　種種妙華로　散布莊嚴하고　百千采女가　持

보영락　　가어균조　　섭험능안
寶瓔珞하며　駕馭均調하야　涉險能安하니라

혹부시여견고향거　　중보위륜　　장엄거
或復施與堅固香車호대　衆寶爲輪하고　莊嚴巨

려　　보장부상　　보망수하　　종종보의
麗하며　寶帳覆上하고　寶網垂下어든　種種寶衣로

부포기중　　청정호향　　유분외철　　기향
敷布其中하며　淸淨好香이　流芬外徹하니　其香

미묘　　칭열인심　　무량제천　　익종이행
美妙하야　稱悅人心하며　無量諸天이　翼從而行호대

재이중보　　수시급시
載以衆寶하야　隨時給施하니라

다.

혹은 다시 마노장 수레를 보시하니 온갖 보배로 장식하고 모든 여러 가지 향기를 풍기며, 갖가지 미묘한 꽃을 흩어 장엄하고, 백천 채녀들이 보배 영락을 가지고 있으며, 균형 있고 조화롭게 몰아서 험한 길을 달려도 편안하다.

혹은 다시 견고한 향 수레를 보시하니 온갖 보배로 바퀴가 되고 장엄이 매우 아름다우며, 보배 휘장을 위에 덮고 보배 그물을 드리웠으며, 갖가지 보배 옷을 그 안에 깔았다. 청정하고 좋은 향기가 밖으로 흘러나와 그 향기가 아름답고 미묘하여 사람들의 마음을 기쁘게

혹부시여광명보거　　　종종제보　　묘색영
或復施與光明寶車호대 **種種諸寶**가 **妙色映**

철　　　중묘보망　　나부기상　　　잡보영락
徹하며 **衆妙寶網**을 **羅覆其上**하며 **雜寶瓔珞**을

주잡수하　　　산이말향　　내외분결　　소애
周帀垂下하며 **散以末香**하야 **內外芬潔**하며 **所愛**

남녀　실재기상
男女를 **悉載其上**이니라

불자　보살마하살　이여시등중묘보거　봉
佛子야 **菩薩摩訶薩**이 **以如是等衆妙寶車**로 **奉**

시불시　이차선근　　여시회향
施佛時에 **以此善根**으로 **如是迴向**하니라

소위원일체중생　실해공양최상복전　심
所謂願一切衆生이 **悉解供養最上福田**하야 **深**

하며, 한량없는 모든 천신들이 돕고 따라 다니면서 싣고 온 온갖 보배로 때를 따라 보시한다.

혹은 다시 광명 보배 수레를 보시하니 갖가지 모든 보배가 미묘한 빛을 환히 비추며, 온갖 미묘한 보배 그물을 그 위에 덮었으며, 여러 가지 보배 영락을 두루두루 드리웠다. 가루향을 뿌려 안팎이 향기롭고 깨끗하며, 사랑스러운 남녀들이 모두 그 위에 타고 있었다.

불자들이여, 보살마하살이 이와 같은 등 온갖 묘한 보배 수레들을 부처님께 받들어 보시

신시불　　득무량보
信施佛에　得無量報하니라

원일체중생　　일심향불　　상우무량청정복
願一切衆生이　一心向佛하야　常遇無量淸淨福

전
田하니라

원일체중생　　어제여래　　무소린석　　구족
願一切衆生이　於諸如來에　無所吝惜하야　具足

성취대사지심
成就大捨之心하니라

원일체중생　　어제불소　　수행시행　　이이
願一切衆生이　於諸佛所에　修行施行하야　離二

승원　　체득여래무애해탈일체지지
乘願하고　逮得如來無礙解脫一切智智하니라

원일체중생　　어제불소　　행무진시　　입불
願一切衆生이　於諸佛所에　行無盡施하야　入佛

할 때에 이 선근으로써 이와 같이 회향한다.

이른바 일체 중생이 모두 가장 높은 복밭에 공양올릴 줄 알고 부처님께 보시함에 한량없는 과보 얻음을 깊이 믿기를 원한다.

일체 중생이 일심으로 부처님께 향하여 한량없이 청정한 복밭을 항상 만나기를 원한다.

일체 중생이 모든 여래께 아끼는 바가 없이 크게 보시하는 마음을 구족하게 성취하기를 원한다.

일체 중생이 모든 부처님 처소에 보시행을 수행하며 이승의 원을 버리고 여래의 걸림없는 해탈과 일체지의 지혜를 얻기를 원한

무량공덕지혜
無量功德智慧하나라

원일체중생 입불승지 득성청정무상지
願一切衆生이 入佛勝智하야 得成淸淨無上智

왕
王하나라

원일체중생 득불변지무애신통 수소욕
願一切衆生이 得佛徧至無礙神通하야 隨所欲

왕 미불자재
往하야 靡不自在하나라

원일체중생 심입대승 획무량지 안
願一切衆生이 深入大乘하야 獲無量智하야 安

주부동
住不動하나라

원일체중생 개능출생일체지법 위제천
願一切衆生이 皆能出生一切智法하야 爲諸天

다.

일체 중생이 모든 부처님 처소에 다함없는 보시를 행하여 부처님의 한량없는 공덕과 지혜에 들어가기를 원한다.

일체 중생이 부처님의 수승한 지혜에 들어가 청정하고 위없는 지혜의 왕이 되기를 원한다.

일체 중생이 부처님의 두루 이르시는 걸림없는 신통을 얻어서 가고자 하는 바를 따라 자재하지 않음이 없기를 원한다.

일체 중생이 대승에 깊이 들어가 한량없는 지혜를 얻어서 편안히 머물러 움직이지 않기를 원한다.

인　최상복전
人의 最上福田하나니라

원일체중생　어제불소　무혐한심　근종
願一切衆生이 於諸佛所에 無嫌恨心하야 勤種

선근　낙구불지
善根하야 樂求佛智하나니라

원일체중생　임운능왕일체불찰　일찰나
願一切衆生이 任運能往一切佛刹하야 一刹那

중　보주법계　이무해권
中에 普周法界호대 而無懈倦하나니라

원일체중생　체득보살자재신통　분신변
願一切衆生이 逮得菩薩自在神通하야 分身徧

만등허공계　일체불소　친근공양
滿等虛空界하야 一切佛所에 親近供養하나니라

원일체중생　득무비신　변왕시방　이
願一切衆生이 得無比身하야 徧往十方호대 而

일체 중생이 모두 일체 지혜의 법을 능히 내어서 모든 천상과 인간의 가장 높은 복밭이 되기를 원한다.

일체 중생이 모든 부처님 처소에 싫어하고 원망하는 마음이 없이 부지런히 선근을 심고 부처님 지혜를 즐거이 구하기를 원한다.

일체 중생이 마음대로 일체 부처님 세계에 능히 가서 한 찰나에 널리 법계에 두루하되 게으름이 없기를 원한다.

일체 중생이 보살의 자재한 신통을 얻어서 몸을 나누어 허공계에 두루 가득하며 일체 부처님 처소에 친근하고 공양올리기를 원

무염권
無厭倦하니라

원일체중생 득광대신 비행신질 수
願一切衆生이 **得廣大身**하야 **飛行迅疾**하야 **隨**

의소왕 종무해퇴
意所往에 **終無懈退**하니라

원일체중생 득불구경자재위력 일찰나
願一切衆生이 **得佛究竟自在威力**하야 **一刹那**

중진허공계 실현제불신통변화
中盡虛空界에 **悉現諸佛神通變化**하니라

원일체중생 수안락행 수순일체제보살
願一切衆生이 **修安樂行**하야 **隨順一切諸菩薩**

도
道하니라

원일체중생 득속질행 구경십력지혜신
願一切衆生이 **得速疾行**하야 **究竟十力智慧神**

한다.

일체 중생이 견줄 데 없는 몸을 얻고 시방에 두루 가되 싫어하거나 게으름이 없기를 원한다.

일체 중생이 광대한 몸을 얻어서 빠르게 날아다니며 마음대로 가되 마침내 게으르거나 물러남이 없기를 원한다.

일체 중생이 부처님의 끝까지 자재한 위신력을 얻어서 한 찰나 동안에 온 허공계에서 모든 부처님의 신통 변화를 모두 나타내기를 원한다.

일체 중생이 안락한 행을 닦아서 일체 모든

통
通하니라

원일체중생　보입법계시방국토　　실진변
願一切衆生이 普入法界十方國土하야 悉盡邊

제　　등무차별
際하야 等無差別하니라

원일체중생　행보현행　　무유퇴전　　도
願一切衆生이 行普賢行하야 無有退轉하고 到

어피안　　성일체지
於彼岸하야 成一切智하니라

원일체중생　승어무비지혜지승　　수순법
願一切衆生이 昇於無比智慧之乘하야 隨順法

성　　견여실리
性하야 見如實理니라

시위보살마하살　이중보거　봉시현재일
是爲菩薩摩訶薩이 以衆寶車로 奉施現在一

보살의 도를 수순하기를 원한다.

일체 중생이 빠른 행을 얻어서 십력과 지혜와 신통이 끝까지 이루어지기를 원한다.

일체 중생이 법계의 시방 국토에 널리 들어가 모두 끝이 다하도록 평등하여 차별이 없기를 원한다.

일체 중생이 보현의 행을 수행하여 퇴전하지 않고 저 언덕에 이르러 일체 지혜를 이루기를 원한다.

일체 중생이 견줄 데 없는 지혜의 수레에 올라타서 법의 성품을 수순하여 실상과 같은 이치를 보기를 원한다.

체제불   급불멸후소유탑묘   선근회향
切諸佛과 及佛滅後所有塔廟하는 善根迴向이니

위령중생   득어여래구경출리무애승고
爲令衆生으로 得於如來究竟出離無礙乘故니라

불자   보살마하살   이중보거   시보살등선
佛子야 菩薩摩訶薩이 以衆寶車로 施菩薩等善

지식시   이제선근   여시회향
知識時에 以諸善根으로 如是迴向하니라

소위원일체중생   심상억지선지식교   전
所謂願一切衆生이 心常憶持善知識敎하야 專

근수호   영불망실
勤守護하야 令不忘失하니라

원일체중생   여선지식   동일의리   보
願一切衆生이 與善知識으로 同一義利하야 普

이것이 보살마하살이 온갖 보배 수레로 현재의 일체 모든 부처님과 부처님께서 열반하신 후에 있는 탑묘에 받들어 보시하는 선근으로 회향하는 것이니, 중생들로 하여금 여래의 구경에 벗어나는 걸림 없는 수레를 얻게 하기 위한 까닭이다.

불자들이여, 보살마하살이 온갖 보배 수레를 보살 등과 선지식에게 보시할 때에 모든 선근으로 이와 같이 회향한다.

이른바 일체 중생이 마음에 항상 선지식의 가르침을 기억해 지니고 오로지 부지런히 수호

섭일체　　여공선근
攝一切하야 與共善根하나라

원일체중생　　근선지식　　존중공양　　실
願一切衆生이 近善知識하야 尊重供養하야 悉

사소유　　순가기심
捨所有하야 順可其心하나라

원일체중생　　득선지욕　　수축선우　　미
願一切衆生이 得善志欲하야 隨逐善友하야 未

상사리
嘗捨離하나라

원일체중생　　상득치우제선지식　　전의승
願一切衆生이 常得值遇諸善知識하야 專意承

봉　　불위기교
奉하야 不違其敎하나라

원일체중생　　낙선지식　　상불사리　　무
願一切衆生이 樂善知識하야 常不捨離하야 無

하여 잊어버리지 않게 하기를 원한다.

일체 중생이 선지식과 더불어 이치와 이로움이 동일하여 일체를 널리 거두어서 더불어 선근을 함께 하기를 원한다.

일체 중생이 선지식을 친근하여 존중하고 공양올리며 있는 것을 모두 보시하여 그의 마음을 수순하기를 원한다.

일체 중생이 훌륭한 뜻을 얻어 선지식을 따르고 일찍이 떠나 버리지 않기를 원한다.

일체 중생이 항상 모든 선지식들을 만나서 오롯한 마음으로 받들어 섬기고 그 가르침을 어기지 않기를 원한다.

간무잡　　역무오실
閒無雜하고 亦無誤失하니라

원일체중생　능이기신　시선지식　　수
願一切衆生이 能以其身으로 施善知識하야 隨

기교명　　미유위역
其敎命하야 靡有違逆하니라

원일체중생　위선지식지소섭수　　수습대
願一切衆生이 爲善知識之所攝受하야 修習大

자　　원리제악
慈하야 遠離諸惡하니라

원일체중생　수선지식　　청문제불소설정
願一切衆生이 隨善知識하야 聽聞諸佛所說正

법
法하니라

원일체중생　여선지식　　동일선근　　청
願一切衆生이 與善知識으로 同一善根하야 淸

일체 중생이 선지식을 좋아하여 항상 떠나지 않아서 틈이 없고 섞임도 없으며 또한 잘못도 없기를 원한다.

일체 중생이 능히 그 몸으로 선지식에게 보시하고 그 가르치는 명령을 따르고 어기어 거스르지 않기를 원한다.

일체 중생이 선지식의 거두어 주는 바가 되어 큰 자애를 닦아 익히고 모든 악을 멀리 여의기를 원한다.

일체 중생이 선지식을 따라서 모든 부처님께서 말씀하신 정법을 듣기를 원한다.

일체 중생이 선지식과 더불어 선근이 같아서

정업과　　여제보살　　동일행원　　구경십
淨業果하고 與諸菩薩로 同一行願하야 究竟十

력
力하니라

원일체중생　　실능수지선지식법　　체득일
願一切衆生이 悉能受持善知識法하야 逮得一

체삼매경계지혜신통
切三昧境界智慧神通하니라

원일체중생　　실능수지일체정법　　수습제
願一切衆生이 悉能受持一切正法하야 修習諸

행　　도어피안
行하야 到於彼岸하니라

원일체중생　　승어대승　　무소장애　　구
願一切衆生이 乘於大乘하야 無所障礙하야 究

경성취일체지도
竟成就一切智道하니라

업과가 청정하고 모든 보살과 더불어 행원이 같아서 십력을 끝까지 얻기를 원한다.

일체 중생이 선지식의 법을 모두 능히 받아 지녀서 일체 삼매의 경계와 지혜와 신통을 얻기를 원한다.

일체 중생이 일체 정법을 모두 능히 받아 지녀서 모든 행을 닦아 익혀 피안에 이르기를 원한다.

일체 중생이 큰 수레를 타고 장애가 없어서 구경에 일체 지혜의 도를 성취하기를 원한다.

일체 중생이 모두 일체 지혜의 수레에 올라서 안온한 곳에 이르러 퇴전하지 않기를 원한

원일체중생　　실득상어일체지승　　지안은
願一切衆生이 悉得上於一切智乘하야 至安隱

처　　　무유퇴전
處하야 無有退轉하나라

원일체중생　　지여실행　　수기소문일체불
願一切衆生이 知如實行하야 隨其所聞一切佛

법　　개득구경　　영무망실
法하야 皆得究竟하야 永無忘失하나라

원일체중생　　보위제불지소섭수　　득무애
願一切衆生이 普爲諸佛之所攝受하야 得無礙

지　　구경제법
智하야 究竟諸法하나라

원일체중생　　득무퇴실자재신통　　소욕왕
願一切衆生이 得無退失自在神通하야 所欲往

예　　일념개도
詣에 一念皆到하나라

다.

일체 중생이 실제와 같이 행함을 알아서 그들은 바 일체 부처님 법을 따라 다 구경까지 이르러 영원히 잊지 말기를 원한다.

일체 중생이 널리 모든 부처님의 거두어 주시는 바가 되어서 걸림 없는 지혜를 얻어 모든 법을 끝까지 이루기를 원한다.

일체 중생이 물러남이 없는 자재한 신통을 얻어서 가고자 하는 곳에는 잠깐 사이에 모두 이르기를 원한다.

일체 중생이 왕래가 자재하여 널리 교화하고 인도함을 행하여 대승에 머무르게 하기를 원

원일체중생　왕래자재　광행화도　영
願一切衆生이 往來自在하야 廣行化導하야 令

주대승
住大乘하니라

원일체중생　소행불공　재이지승　도
願一切衆生이 所行不空하야 載以智乘하야 到

구경위
究竟位하니라

원일체중생　득무애승　이무애지　지일
願一切衆生이 得無礙乘하야 以無礙智로 至一

체처
切處니라

시위보살마하살　시선지식종종거시　선
是爲菩薩摩訶薩이 施善知識種種車時에 善

근회향　위령중생　공덕구족　여불보
根迴向이니 爲令衆生으로 功德具足하야 與佛菩

한다.

일체 중생이 행하는 바가 헛되지 아니하여 지혜의 수레를 타고 구경의 지위에 이르기를 원한다.

일체 중생이 걸림 없는 수레를 얻어서 걸림 없는 지혜로 일체 처에 이르기를 원한다.

이것이 보살마하살이 선지식에게 갖가지 수레를 보시할 때에 선근으로 회향하는 것이니, 중생들로 하여금 공덕을 구족하여 부처님과 보살과 더불어 평등하고 다름이 없게 하기 위한 까닭이다.

살   등무이고
薩로 等無異故니라

불자   보살마하살   이중보거   보시승시
佛子야 菩薩摩訶薩이 以衆寶車로 布施僧時에

기학일체시심   지선료심   정공덕심   수순
起學一切施心과 智善了心과 淨功德心과 隨順

사심   승보난우심   심신승보심   섭지정교
捨心과 僧寶難遇心과 深信僧寶心과 攝持正教

심   주승지락   득미증유   위대시회
心하야 住勝志樂하야 得未曾有하며 爲大施會하야

출생무량광대공덕   심신불교   불가저
出生無量廣大功德하며 深信佛教하야 不可沮

괴   이제선근   여시회향
壞하며 以諸善根으로 如是迴向하나라

불자들이여, 보살마하살이 온갖 보배 수레로 스님들에게 보시할 때에 일체 보시를 배우는 마음과 지혜로 잘 아는 마음과 깨끗한 공덕의 마음과 보시를 수순하는 마음과 승보를 만나기 어렵다는 마음과 승보를 깊이 믿는 마음과 바른 가르침을 거두어 지니는 마음을 일으켜서, 수승한 뜻의 즐거움에 머물러 미증유를 얻으며 크게 보시하는 모임을 만들어 한량없이 광대한 공덕을 내며 부처님의 가르침을 깊이 믿어서 깨뜨릴 수 없다.

모든 선근으로 이와 같이 회향한다.

이른바 일체 중생이 부처님의 법에 널리 들

소위원일체중생　보입불법　　억지불망
所謂願一切衆生이 普入佛法하야 憶持不忘하며

원일체중생　이범우법　　입현성처
願一切衆生이 離凡愚法하고 入賢聖處하니라

원일체중생　속입성위　　능이불법　　차
願一切衆生이 速入聖位하야 能以佛法으로 次

제개유
第開誘하니라

원일체중생　거세종중　　언필신용
願一切衆生이 擧世宗重하야 言必信用하니라

원일체중생　선입일체제법평등　　요지법
願一切衆生이 善入一切諸法平等하야 了知法

계　자성무이
界의 自性無二하니라

원일체중생　종어여래지경이생　　제조순
願一切衆生이 從於如來智境而生하야 諸調順

어가 기억하고 지니어 잊지 말기를 원하며, 일체 중생이 어리석은 범부의 법을 떠나서 성현의 자리에 들어가기를 원한다.

일체 중생이 성인의 지위에 빨리 들어가 능히 불법으로 차례로 열어 인도하기를 원한다.

일체 중생이 온 세상이 소중히 여겨 말하는 대로 반드시 신용하기를 원한다.

일체 중생이 일체 모든 법이 평등한 데 잘 들어가 법계의 자성이 둘이 없음을 분명히 알기를 원한다.

일체 중생이 여래의 지혜의 경계로부터 나서

인 소공위요
人의 所共圍遶니라

원일체중생 주이염법 멸제일체번뇌진
願一切衆生이 住離染法하야 滅除一切煩惱塵

구
垢하니라

원일체중생 개득성취무상승보 이범부
願一切衆生이 皆得成就無上僧寶하야 離凡夫

지 입현성중
地하고 入賢聖衆하니라

원일체중생 근수선법 득무애지 구
願一切衆生이 勤修善法하야 得無礙智하야 具

성공덕
聖功德하니라

원일체중생 득지혜심 불착삼세 어
願一切衆生이 得智慧心하야 不著三世하야 於

모든 화순한 사람들이 함께 둘러싸는 바가 되기를 원한다.

일체 중생이 물들지 않는 법에 머물러 일체 번뇌의 때를 멸하여 없애기를 원한다.

일체 중생이 위없는 승보를 모두 성취하여 범부의 자리에서 떠나 성현의 무리에 들어가기를 원한다.

일체 중생이 선한 법을 부지런히 닦아 걸림 없는 지혜를 얻어서 성스러운 공덕을 갖추기를 원한다.

일체 중생이 지혜의 마음을 얻어서 삼세에 집착하지 않고 모든 대중 가운데서 왕과 같이

제 중 중 　 자 재 여 왕
諸衆中에 自在如王하니라

원 일 체 중 생 　 승 지 혜 승 　 전 정 법 륜
願一切衆生이 乘智慧乘하야 轉正法輪하니라

원 일 체 중 생 　 구 족 신 통 　 일 념 능 왕 불 가 설
願一切衆生이 具足神通하야 一念能往不可說

불 가 설 세 계
不可說世界하니라

원 일 체 중 생 　 승 허 공 신 　 어 제 세 간 　 지 혜
願一切衆生이 乘虛空身하야 於諸世間에 智慧

무 애
無礙하니라

원 일 체 중 생 　 보 입 일 체 허 공 법 계 제 불 중 회
願一切衆生이 普入一切虛空法界諸佛衆會하야

성 취 제 일 바 라 밀 행
成就第一波羅蜜行하니라

자재하기를 원한다.

일체 중생이 지혜의 수레를 타고 바른 법륜을 굴리기를 원한다.

일체 중생이 신통을 구족하여 잠깐 동안에 능히 말할 수 없이 말할 수 없는 세계에 가기를 원한다.

일체 중생이 허공의 몸을 타고 모든 세간에서 지혜가 걸림 없기를 원한다.

일체 중생이 일체 허공 법계의 모든 부처님의 대중모임에 널리 들어가서 제일바라밀행을 성취하기를 원한다.

일체 중생이 가볍게 거동하는 몸과 수승한

원일체중생   득경거신   수승지혜   실능
願一切衆生이 得輕擧身과 殊勝智慧하야 悉能

변입일체불찰
徧入一切佛刹하니라

원일체중생   획무변제선교신족   어일체
願一切衆生이 獲無邊際善巧神足하야 於一切

찰   보현기신
刹에 普現其身하니라

원일체중생   득어일체무소의신   이신통
願一切衆生이 得於一切無所依身하야 以神通

력   여영보현
力으로 如影普現하니라

원일체중생   득부사의자재신력   수응가
願一切衆生이 得不思議自在神力하야 隨應可

화   즉현기전   교화조복
化하야 卽現其前하야 敎化調伏하니라

지혜를 얻어서 다 능히 일체 부처님 세계에 두루 들어가기를 원한다.

일체 중생이 끝없이 공교한 신족통을 얻어서 일체 세계에 그 몸을 널리 나타내기를 원한다.

일체 중생이 일체에 의지할 바 없는 몸을 얻어서 신통력으로 그림자처럼 널리 나타나기를 원한다.

일체 중생이 부사의하게 자재한 신력을 얻어서 마땅함을 따라 교화하여 곧 그 앞에 나타나 교화하고 조복하기를 원한다.

일체 중생이 법계에 들어가는 걸림 없는 방편을 얻어서 잠깐 동안에 시방 국토를 두루

원일체중생　　득입법계무애방편　　일념변
願一切衆生이 得入法界無礙方便하야 一念徧

유시방국토
遊十方國土니라

시위보살마하살　　시승보거　　선근회향
是爲菩薩摩訶薩이 施僧寶車하는 善根迴向이니

위령중생　　　보승청정무상지승　　어일체
爲令衆生으로 普乘淸淨無上智乘하야 於一切

세간　전무애법지혜륜고
世間에 轉無礙法智慧輪故니라

불자　보살마하살　이중보거　보시성문독
佛子야 菩薩摩訶薩이 以衆寶車로 布施聲聞獨

각지시　기여시심
覺之時에 起如是心하나니라

다니기를 원한다.

이것이 보살마하살이 스님들에게 보배 수레를 보시하는 선근 회향이니, 중생들로 하여금 널리 청정하고 위없는 지혜의 수레를 타고 일체 세간에서 걸림 없는 법의 지혜 수레를 굴리게 하기 위한 까닭이다.

불자들이여, 보살마하살이 온갖 보배 수레를 성문과 독각에게 보시할 때에 이와 같은 마음을 일으킨다.

이른바 복밭의 마음과 존경의 마음과 공덕바다의 마음과 공덕과 지혜를 능히 내는 마음과

소위복전심　　존경심　　공덕해심　　능출생공
所謂福田心과　尊敬心과　功德海心과　能出生功

덕지혜심　　종여래공덕세력소생심　　백천억
德智慧心과　從如來功德勢力所生心과　百千億

나유타겁수습심
那由他劫修習心이니라

능어불가설겁　　수보살행심　　해탈일체마
能於不可說劫에　修菩薩行心과　解脫一切魔

계박심　　최멸일체마군중심　　혜광조요무
繫縛心과　摧滅一切魔軍衆心과　慧光照了無

상법심　　이차시거소유선근　　여시회
上法心이라　以此施車所有善根으로　如是迴

향
向하나라

소위원일체중생　　위세소신제일복전　　구
所謂願一切衆生이　爲世所信第一福田하야　具

여래의 공덕 세력으로 생기는 마음과 백천억 나유타 겁에 닦아 익히는 마음이다.

능히 말할 수 없는 겁에 보살행을 닦는 마음과 일체 마군의 속박에서 해탈하는 마음과 일체 마군의 무리를 꺾어 멸하는 마음과 지혜의 빛으로 위없는 법을 밝게 비추는 마음이다.

이 수레를 보시하여 있는 바 선근으로 이와 같이 회향한다.

이른바 일체 중생이 세상에서 믿을 바 제일 복밭이 되어 위없는 보시바라밀을 구족하기를 원한다.

일체 중생이 이익이 없는 말을 여의고 항상

족무상단바라밀
足無上檀波羅蜜하니라

원일체중생　　이무익어　　상락독처　　심
願一切衆生이 離無益語하고 常樂獨處하야 心

무이념
無二念하니라

원일체중생　　성최제일청정복전　　섭제중
願一切衆生이 成最第一淸淨福田하야 攝諸衆

생　　영수복업
生하야 令修福業하니라

원일체중생　　성지혜연　　능여중생무량무
願一切衆生이 成智慧淵하야 能與衆生無量無

수선근과보
數善根果報하니라

원일체중생　　주무애행　　만족청정제일복
願一切衆生이 住無礙行하야 滿足淸淨第一福

혼자 있기를 좋아하며 마음에 두 가지 생각이 없기를 원한다.

일체 중생이 가장 제일인 청정한 복밭을 성취하고 모든 중생들을 거두어 복업을 닦게 하기를 원한다.

일체 중생이 지혜의 못을 이루어 능히 중생들에게 한량없고 수없는 선근의 과보를 주기를 원한다.

일체 중생이 걸림 없는 행에 머물러서 청정하고 제일인 복밭을 만족하기를 원한다.

일체 중생이 다툼이 없는 법에 머물러서 일체 법이 모두 짓는 바가 없고 성품이 없는 것

전
田하니라

원 일 체 중 생　　주 무 쟁 법　　　요 일 체 법　　개 무
願一切衆生이 住無諍法하야 了一切法이 皆無

소 작　　　무 성 위 성
所作하야 無性爲性하니라

원 일 체 중 생　　상 득 친 근 최 상 복 전　　　구 족 수
願一切衆生이 常得親近最上福田하야 具足修

성 무 량 복 덕
成無量福德하니라

원 일 체 중 생　　능 현 무 량 자 재 신 통　　　이 정 복
願一切衆生이 能現無量自在神通하야 以淨福

전　　　섭 제 함 식
田으로 攝諸含識하니라

원 일 체 중 생　　구 족 무 진 공 덕 복 전　　　능 여 중
願一切衆生이 具足無盡功德福田하야 能與衆

으로 성품이 됨을 깨닫기를 원한다.

일체 중생이 항상 최상의 복밭을 친근하여 한량없는 복덕을 구족하게 닦아 이루기를 원한다.

일체 중생이 한량없이 자재한 신통을 능히 나타내어 깨끗한 복밭으로 모든 함식들을 거두기를 원한다.

일체 중생이 다함없는 공덕의 복밭을 구족하고 중생에게 여래의 십력과 제일승의 과를 줄 수 있기를 원한다.

일체 중생이 능히 과를 갖추는 진실한 복밭이 되어 일체 지혜와 다함없는 복더미를 이루

생 여 래 십 력 제 일 승 과
生如來十力第一乘果하니라

원 일 체 중 생 위 능 판 과 진 실 복 전 성 일 체
願一切衆生이 **爲能辨果眞實福田**하야 **成一切**

지 무 진 복 취
智無盡福聚하니라

원 일 체 중 생 득 멸 죄 법 실 능 수 지 소 미 증
願一切衆生이 **得滅罪法**하야 **悉能受持所未曾**

문 불 법 구 의
聞佛法句義하니라

원 일 체 중 생 상 근 청 수 일 체 불 법 문 실 해
願一切衆生이 **常勤聽受一切佛法**하고 **聞悉解**

오 무 공 과 자
悟하야 **無空過者**하니라

원 일 체 중 생 청 문 불 법 통 달 구 경 여
願一切衆生이 **聽聞佛法**하야 **通達究竟**하고 **如**

기를 원한다.

일체 중생이 죄를 없애는 법을 얻어 일찍이 듣지 못한 불법의 문구와 뜻을 모두 능히 받아 지니기를 원한다.

일체 중생이 항상 부지런히 일체 불법을 들은 것은 모두 깨달아 알고 헛되이 지내는 자가 없기를 원한다.

일체 중생이 불법을 듣고 끝까지 통달하며 그 들은 바와 같이 수순하여 연설하기를 원한다.

일체 중생이 여래의 가르침을 믿고 이해하여 수행하며 일체 아흔여섯 가지 외도의 삿된 소

기소문　　수순연설
其所聞하야 隨順演說하나라

원일체중생　어여래교　신해수행　　사리
願一切衆生이 於如來教에 信解修行하야 捨離

일체구십육종외도사견
一切九十六種外道邪見하나라

원일체중생　상견현성　　증장일체최승선
願一切衆生이 常見賢聖하야 增長一切最勝善

근　　　원일체중생　심상신락지행지사
根하며 願一切衆生이 心常信樂智行之士하야

여제성철　동지공환
與諸聖哲로 同止共歡하나라

원일체중생　청문불명　실부당연　　수기
願一切衆生이 聽聞佛名에 悉不唐捐하고 隨其

소문　　함득목견　　원일체중생　선분별
所聞하야 咸得目見하며 願一切衆生이 善分別

견을 버리고 여의기를 원한다.

일체 중생이 항상 성현을 친견하고 일체 가장 수승한 선근을 증장하기를 원하며, 일체 중생이 마음으로 항상 지혜있고 수행하는 사람을 믿고 좋아하여 모든 거룩하고 명철한 이들과 더불어 함께 있으며 함께 환희하기를 원한다.

일체 중생이 부처님 명호를 듣고는 다 헛되지 아니하고 그 들은 바를 따라 모두 눈으로 봄을 얻기를 원하며, 일체 중생이 모든 부처님의 바른 가르침을 잘 분별하여 알고 불법을 지니는 자를 모두 능히 수호하기를 원한다.

지제불정교　　　실능수호지불법자
知諸佛正教하야 悉能守護持佛法者하나라

원일체중생　　　상락청문일체불법　　　수지독
願一切衆生이 常樂聽聞一切佛法하야 受持讀

송　　　개시조료　　　원일체중생　　　신해불교
誦하고 開示照了하며 願一切衆生이 信解佛敎

여실공덕　　　실사소유　　　공경공양
如實功德하야 悉捨所有하야 恭敬供養이니라

시위보살마하살　　　시성문독각종종거시
是爲菩薩摩訶薩이 施聲聞獨覺種種車時에

선근회향　　　위령중생　　　개득성취청정제
善根迴向이니 爲令衆生으로 皆得成就淸淨第

일지혜신통　　　정진수행　　　무유해태　　　획
一智慧神通하야 精進修行호대 無有懈怠하야 獲

일체지　역무외고
一切智와 力無畏故니라

일체 중생이 일체 불법 듣기를 항상 즐기며 받아 지니고 읽고 외우고 열어 보이며 밝게 비추기를 원하며, 일체 중생이 부처님 가르침의 여실한 공덕을 믿고 이해하며 있는 바를 모두 버려서 공경하고 공양하기를 원한다.

이것이 보살마하살이 성문과 독각에게 갖가지 수레를 보시할 때에 선근으로 회향하는 것이니, 중생들로 하여금 모두 청정하고 제일인 지혜와 신통을 성취하고 부지런히 수행하여 게으르지 않으며, 일체지와 힘과 두려움 없음을 얻게 하기 위한 까닭이다.

불자　　보살마하살　　이중보거　　시제복전
佛子야 菩薩摩訶薩이 以衆寶車로 施諸福田과

내지빈궁고독자시　　수기소구　　　일체실
乃至貧窮孤獨者時에 隨其所求하야 一切悉

사　　심생환희　　　무유염권
捨호대 心生歡喜하야 無有厭倦이니라

잉향피인　　자회책언　　아응왕취　　공양
仍向彼人하야 自悔責言호대 我應往就하야 供養

공급　　불응로여　　원래피돈　　　언이배
供給이요 不應勞汝의 遠來疲頓이라하며 言已拜

궤　　문신기거　　범유소수　　일체시여
跪하야 問訊起居하고 凡有所須를 一切施與하나니라

혹시시피마니보거　　　이염부제제일여보
或時施彼摩尼寶車호대 以閻浮提第一女寶로

충만기상
充滿其上하나니라

불자들이여, 보살마하살이 온갖 보배 수레를 모든 복밭과 내지 빈궁하고 고독한 자에게 보시할 때에, 그 구하는 바를 따라 일체를 모두 베풀되 마음에 환희를 내어 싫어하거나 게으름이 없다.

이에 그 사람에게 자책하여 말하기를 '내가 응당 나아가서 공양하고 공급해야 하고, 응당 수고롭게 그대가 멀리서 와 피로하지 않게 해야 한다.'라고 하며, 말하고 나서는 무릎 꿇어 절하고 기거를 문안하며, 모든 필요한 것 일체를 보시한다.

혹은 이때에 그에게 마니 보배 수레를 보시

혹부시여금장엄거　　인간여보　　충만기
或復施與金莊嚴車호대　**人間女寶**로　**充滿其**

상
上하니라

혹부시여묘유리거　　내궁기녀　　충만기
或復施與妙瑠璃車호대　**內宮妓女**로　**充滿其**

상　　혹시종종기묘보거　　동녀충만　　여
上하며　**或施種種奇妙寶車**호대　**童女充滿**하야　**如**

천채녀
天采女하니라

혹시무수보장엄거　　보녀만중　　유명변
或施無數寶莊嚴車호대　**寶女滿中**하야　**柔明辯**

혜
慧하니라

혹시소승묘전단거　　혹부시여파려보거
或施所乘妙栴檀車하며　**或復施與玻瓈寶車**호대

하니 염부제에서 제일의 여자 보배가 그 위에 가득하다.

혹은 다시 금으로 장엄한 수레를 보시하니 인간의 여자 보배가 그 위에 가득하다.

혹은 다시 미묘한 유리 수레를 보시하니 궁 안의 기녀들이 그 위에 가득하며, 혹은 갖가지 기묘한 보배 수레를 보시하니 동녀들이 가득한데 천상의 채녀들과 같다.

혹은 수없는 보배로 장엄한 수레를 보시하니 보배 여자들이 가득한데 유순하고 총명하고 말 잘하고 지혜로웠다.

혹은 타고 있던 미묘한 전단 수레를 보시하

실재보녀　　충만기상　　안용단정　　색상
悉載寶女하야 充滿其上에 顔容端正하고 色相

무비　　현복장엄　　견자흔열
無比하고 袚服莊嚴하야 見者欣悅하니라

혹부시여마노보거　　관정왕자　　신재기
或復施與碼碯寶車호대 灌頂王子를 身載其

상　　혹시시여견고향거　　소유남녀　　실
上하며 或時施與堅固香車호대 所有男女를 悉

재기중
載其中하니라

혹시일체보장엄거　　재이난사친선권속
或施一切寶莊嚴車호대 載以難捨親善眷屬이니라

불자　　보살마하살　　이여시등무량보거　　수
佛子야 菩薩摩訶薩이 以如是等無量寶車로 隨

기소구　　공경시여　　개령수원　　환희만
其所求하야 恭敬施與하야 皆令遂願하야 歡喜滿

며, 혹은 다시 파려 보배 수레를 보시하니 모두 보배 여자들을 태워 그 위에 가득한데 용모가 단정하고 색상이 견줄 데 없으며 나들이 옷으로 장엄하여 보는 자들이 기뻐하였다.

혹은 다시 마노 보배 수레를 보시하니 관정식을 행한 왕자들이 몸소 그 위에 타고 있으며, 혹은 때로 견고한 향 수레를 보시하니 있는 바 남녀들이 모두 그 가운데 타고 있다.

혹은 일체 보배로 장엄한 수레를 보시하니 떠나보내기 어려운 친하고 좋은 권속들이 타고 있다.

불자들이여, 보살마하살이 이와 같은 등 한

족　　이차선근　　여시회향
足하며 以此善根으로 如是迴向하니라

소위원일체중생　　승불퇴전무장애륜광대
所謂願一切衆生이 乘不退轉無障礙輪廣大

지승　　예불가사의보리수하
之乘하야 詣不可思議菩提樹下하니라

원일체중생　　승청정인대법지승　　진미래
願一切衆生이 乘淸淨因大法智乘하야 盡未來

겁　　수보살행　　영불퇴전
劫토록 修菩薩行하야 永不退轉하니라

원일체중생　　승일체법무소유승　　영리일
願一切衆生이 乘一切法無所有乘하야 永離一

체분별집착　　이상수습일체지도
切分別執著하고 而常修習一切智道하니라

원일체중생　　승무첨광정직지승　　왕제불
願一切衆生이 乘無諂誑正直之乘하야 往諸佛

량없는 보배 수레를 그들이 구하는 바를 따라 공경하며 보시하여, 모두 원을 이루고 환희하여 만족케 하는 것이다.

이러한 선근으로 이와 같이 회향한다.

이른바 일체 중생이 퇴전하지 않고, 장애가 없는 바퀴의 넓고 큰 수레를 타고 불가사의한 보리수 아래로 나아가기를 원한다.

일체 중생이 청정한 원인인 큰 법의 지혜 수레를 타고 미래겁이 다하도록 보살행을 닦으면서 길이 퇴전하지 않기를 원한다.

일체 중생이 일체 법이 있는 바가 없는 수레를 타고 일체 분별과 집착을 길이 여의고 일체

찰　자재무애
刹에 **自在無礙**하니라

원일체중생　수순안주일체지승　　이제불
願一切衆生이 **隨順安住一切智乘**하야 **以諸佛**

법　　공상오락
法으로 **共相娛樂**하니라

원일체중생　개승보살청정행승　　구족보
願一切衆生이 **皆乘菩薩淸淨行乘**하야 **具足菩**

살십출리도　급삼매락
薩十出離道와 **及三昧樂**하니라

원일체중생　승사륜승　소위주호국토의
願一切衆生이 **乘四輪乘**이니 **所謂住好國土依**

지선인　집승복덕　발대서원　이차성만
止善人과 **集勝福德**과 **發大誓願**이라 **以此成滿**

일체보살　청정범행
一切菩薩의 **淸淨梵行**하니라

지혜의 도를 항상 닦아 익히기를 원한다.

일체 중생이 아첨과 속임이 없는 정직한 수레를 타고 모든 부처님 세계로 나아감에 자재하여 걸림 없기를 원한다.

일체 중생이 일체 지혜의 수레를 수순하여 편안히 머물면서 모든 불법으로 서로 함께 오락하기를 원한다.

일체 중생이 다 보살의 청정하게 수행하는 수레를 타고 보살의 열 가지 벗어나는 도와 삼매의 낙을 구족하기를 원한다.

일체 중생이 네 바퀴의 수레를 타니 이른바 좋은 국토에 살고, 착한 사람을 의지하고, 수

원일체중생　득보조시방법광명승　수학
願一切衆生이 得普照十方法光明乘하야 修學

일체여래지력
一切如來智力하나라

원일체중생　승불법승　도일체법구경피
願一切衆生이 乘佛法乘하야 到一切法究竟彼

안
岸하나라

원일체중생　재중복선난사법승　보시시
願一切衆生이 載衆福善難思法乘하야 普示十

방안은정도
方安隱正道하나라

원일체중생　승대시승　사간린구
願一切衆生이 乘大施乘하야 捨慳吝垢하나라

원일체중생　승정계승　지등법계무변정
願一切衆生이 乘淨戒乘하야 持等法界無邊淨

승한 복덕을 모으고, 큰 서원을 일으키는 것이다. 이것으로 일체 보살의 청정한 범행을 원만히 이루기를 원한다.

일체 중생이 시방을 널리 비추는 법의 광명 수레를 얻어서 일체 여래의 지혜의 힘을 닦고 배우기를 원한다.

일체 중생이 불법의 수레를 타고 일체 법의 구경의 피안에 이르기를 원한다.

일체 중생이 온갖 복과 선을 사의하기 어려운 법의 수레에 실어 시방에 안온하고 바른 도를 널리 보이기를 원한다.

일체 중생이 크게 보시하는 수레를 타고 인

계
戒하니라

원일체중생   승인욕승   상어중생   이진
願一切衆生이 乘忍辱乘하야 常於衆生에 離瞋

탁심
濁心하니라

원일체중생   승대정진불퇴전승   견수승
願一切衆生이 乘大精進不退轉乘하고 堅修勝

행   취보리도
行하야 趣菩提道하니라

원일체중생   승선정승   속지도량   증
願一切衆生이 乘禪定乘하고 速至道場하야 證

보리지
菩提智하니라

원일체중생   승어지혜교방편승   화신충
願一切衆生이 乘於智慧巧方便乘하야 化身充

색함의 때를 버리기를 원한다.

일체 중생이 청정한 계의 수레를 타고 법계와 같은 가없는 청정한 계를 지니기를 원한다.

일체 중생이 인욕의 수레를 타고 항상 중생에게 성내고 흐린 마음을 여의기를 원한다.

일체 중생이 크게 정진하여 퇴전하지 않는 수레를 타고 수승한 행을 굳게 닦아서 보리의 도에 나아가기를 원한다.

일체 중생이 선정의 수레를 타고 빨리 도량에 이르러 보리의 지혜를 증득하기를 원한다.

일체 중생이 지혜롭고 공교한 방편의 수레를 타고 화신이 일체 법계의 모든 부처님 경계에

만 일체법계제불경계
滿一切法界諸佛境界하나라

원일체중생　　승법왕승　　성취무외　　　항
願一切衆生이　乘法王乘하고　成就無畏하야　恒

보혜시일체지법
普惠施一切智法하나라

원일체중생　　승무소착지혜지승　　　실능변
願一切衆生이　乘無所著智慧之乘하야　悉能徧

입일체시방　　어진법성　　이무소동
入一切十方호대　於眞法性에　而無所動하나라

원일체중생　　승어일체제불법승　　시현수
願一切衆生이　乘於一切諸佛法乘하고　示現受

생　　변시방찰　　이불실괴대승지도
生하야　徧十方刹호대　而不失壞大乘之道하나라

원일체중생　　승일체지최상보승　　만족보
願一切衆生이　乘一切智最上寶乘하야　滿足普

충만하기를 원한다.

일체 중생이 법왕의 수레를 타고 두려움 없음을 성취하여 일체 지혜의 법을 항상 널리 은혜롭게 베풀기를 원한다.

일체 중생이 집착하는 바가 없는 지혜의 수레를 타고 일체 시방에 모두 능히 두루 들어가되 진실한 법의 성품에 동요하는 바가 없기를 원한다.

일체 중생이 일체 모든 불법의 수레를 타고 태어남을 나타내 보여서 시방세계에 두루하되 대승의 도를 잃어버리지 않기를 원한다.

일체 중생이 일체 지혜의 가장 높은 보배 수

현보살행원 이무염권
賢菩薩行願호대 而無厭倦이니라

시위보살마하살 이중보거 시제복전 내
是爲菩薩摩訶薩이 以衆寶車로 施諸福田과 乃

지빈궁고로지인 선근회향 위령중생
至貧窮孤露之人하는 善根迴向이니 爲令衆生으로

구무량지 환희용약 구경개득일체지
具無量智하야 歡喜踊躍하야 究竟皆得一切智

승고
乘故니라

불자 보살마하살 보시상보 기성조
佛子야 菩薩摩訶薩이 布施象寶호대 其性調

순 칠지구족 연치성장 육아청정
順하고 七支具足하며 年齒盛壯하고 六牙清淨하며

레를 타고 보현 보살의 행과 원을 만족하되 게으름이 없기를 원한다.

이것이 보살마하살이 온갖 보배 수레를 모든 복밭과 내지 빈궁하고 외로운 사람에게 보시하는 선근 회향이니, 중생들로 하여금 한량없는 지혜를 갖추고 환희하여 뛰놀며 구경에 일체 지혜의 수레를 모두 얻게 하기 위한 까닭이다.

불자들이여, 보살마하살이 코끼리 보배를 보시하니 그 성품이 유순하고 일곱 가지가 구족하고 나이가 한창이며, 여섯 어금니가 깨끗하

구색홍적　유여연화　　형체선백　비여설
口色紅赤이 猶如蓮華하고 形體鮮白이 譬如雪

산　　금당위식　　보망나부　　종종묘보
山하며 金幢爲飾하고 寶網羅覆하며 種種妙寶로

장엄기비　　견자흔완　　무유염족　　초보
莊嚴其鼻하니 見者欣玩하야 無有厭足하고 超步

만리　중불피권
萬里에 曾不疲倦하니라

혹부시여조량마보　　제상구족　유여천
或復施與調良馬寶호대 諸相具足이 猶如天

마　　묘보월륜　　이위광식　　진금영망
馬하야 妙寶月輪으로 以爲光飾하고 眞金鈴網으로

나부기상　　행보평정　　승자안은　　수
羅覆其上이어든 行步平正하야 乘者安隱하며 隨

의소왕　신질여풍　　유력사주　　자재무
意所往에 迅疾如風하며 遊歷四洲에 自在無

며, 입술 색이 붉은 것이 연꽃과 같으며, 형체가 곱고 희어 마치 설산과 같다. 황금 깃대로 꾸미고 보배 그물을 덮었으며, 갖가지 묘한 보배로 그 코를 장엄하여 보는 자들이 즐거워하여 싫어함이 없으며, 만 리를 뛰어다녀도 일찍이 고달프지 아니하다.

혹은 다시 잘 길든 말 보배를 보시하니 모든 모습이 구족하여 마치 하늘의 말과 같으며, 미묘한 보배로 만든 둥근 바퀴로 빛나게 장식하고 진금 방울 그물을 그 위에 덮었으며, 행보가 평정하여 타고 있는 자가 안온하고, 뜻 따라 가는데 바람같이 빠르며, 사주로 다니되 자

애
礙하니라

보살 이차상보마보 혹봉양부모 급선지
菩薩이 以此象寶馬寶로 或奉養父母와 及善知

식 혹급시빈핍고뇌중생 기심광연
識하며 或給施貧乏苦惱衆生호대 其心曠然하야

불생회린 단배증흔경 익가비민 수
不生悔吝하고 但倍增欣慶하며 益加悲愍하야 修

보살덕 정보살심 이차선근 여시회
菩薩德하며 淨菩薩心하야 以此善根으로 如是迴

향
向하나니라

소위원일체중생 주조순승 증장일체보
所謂願一切衆生이 住調順乘하야 增長一切菩

살공덕 원일체중생 득선교승 능수
薩功德하며 願一切衆生이 得善巧乘하야 能隨

재하여 걸림이 없다.

보살이 이러한 코끼리 보배와 말 보배로써 혹은 부모와 선지식을 봉양하고 혹은 가난하고 괴로운 중생들에게 보시하되, 그 마음이 너그러워 후회하거나 아까워하는 생각이 없고, 단지 배로 더욱 기뻐하고 더욱 더 가엾게 여기면서 보살의 덕을 닦고 보살의 마음을 청정하게 한다.

이러한 선근으로 이와 같이 회향한다.

이른바 일체 중생이 유순한 수레에 머물러 일체 보살의 공덕을 증장하기를 원하며, 일체 중생이 선교의 수레를 얻어 능히 따라 일체

출생일체불법
出生一切佛法하니라

원일체중생　　득신해승　　보조여래무애지
願一切衆生이 得信解乘하야 普照如來無礙智

력　　원일체중생　　득발취승　　능보발흥
力하며 願一切衆生이 得發趣乘하야 能普發興

일체대원
一切大願하니라

원일체중생　　구족평등바라밀승　　성만일
願一切衆生이 具足平等波羅蜜乘하야 成滿一

체평등선근　　원일체중생　　성취보승
切平等善根하며 願一切衆生이 成就寶乘하야

생제불법무상지보
生諸佛法無上智寶하니라

원일체중생　　성취보살행장엄승　　개부보
願一切衆生이 成就菩薩行莊嚴乘하야 開敷菩

불법을 출생하기를 원한다.

일체 중생이 믿고 이해하는 수레를 얻어 여래의 걸림 없는 지혜와 힘을 널리 비추기를 원하며, 일체 중생이 나아가는 수레를 얻어 일체 큰 원을 능히 널리 일으키기를 원한다.

일체 중생이 평등한 바라밀 수레를 구족하여 일체 평등한 선근을 원만히 이루기를 원하며, 일체 중생이 보배 수레를 성취하여 모든 불법의 위없는 지혜 보배를 내기를 원한다.

일체 중생이 보살행으로 장엄한 수레를 성취하여 보살들의 모든 삼매 꽃을 피우기를 원하며, 일체 중생이 가없이 빠른 수레를 얻고 수

살제삼매화　　원일체중생　　득무변속질
薩諸三昧華하며 願一切衆生이 得無邊速疾

승　　어무수겁　　정보살심　　정근사유
乘하야 於無數劫에 淨菩薩心하야 精勤思惟하야

요달제법
了達諸法하나니라

원일체중생　　성취최승조순대승　　이선방
願一切衆生이 成就最勝調順大乘하야 以善方

편　　구보살지　　원일체중생　　성최고광
便으로 具菩薩地하며 願一切衆生이 成最高廣

견고대승　　보능운재일체중생　　개득지
堅固大乘하고 普能運載一切衆生하야 皆得至

어일체지위
於一切智位니라

시위보살마하살　　시상마시　　선근회향
是爲菩薩摩訶薩이 施象馬時에 善根迴向이니

없는 겁에 보살의 마음을 깨끗이 하고 부지런히 사유하여 모든 법을 분명히 통달하기를 원한다.

일체 중생이 가장 수승하고 유순한 큰 수레를 성취하여 좋은 방편으로 보살의 지위를 갖추기를 원하며, 일체 중생이 가장 높고 넓고 견고한 큰 수레를 성취하여 널리 일체 중생을 능히 실어 운반하여 다 일체 지혜의 자리에 이르게 하기를 원한다.

이것이 보살마하살이 코끼리나 말을 보시할 때에 선근으로 회향하는 것이니, 중생들로 하여금 모두 걸림 없는 지혜의 수레를 타고 끝까

위령중생　　개득승어무애지승　　원만구
爲令衆生으로 皆得乘於無礙智乘하고 圓滿究

경　　지불승고
竟하야 至佛乘故니라

불자　보살마하살　보시좌시　혹시소처사
佛子야 菩薩摩訶薩이 布施座時에 或施所處師

자지좌　기좌고광　수특묘호　유리위
子之座호대 其座高廣하야 殊特妙好하며 瑠璃爲

족　금루소성유연의복　이부기상　　건
足하고 金鏤所成柔軟衣服으로 以敷其上하며 建

이보당　훈제묘향　무량잡보장엄지구
以寶幢하고 熏諸妙香하며 無量雜寶莊嚴之具로

이위장교
以爲莊校하니라

지 원만하여 부처님의 수레에 이르게 하기 위한 까닭이다.

불자들이여, 보살마하살이 평상을 보시할 때에 혹은 거처하던 사자좌를 보시한다. 그 사자좌는 높고 넓고 특수하고 미묘하게 좋으며, 유리로 다리가 되고 금을 박아 꾸며 이루어진 부드러운 의복을 그 위에 깔았고, 보배 깃대를 세우고 모든 미묘한 향기를 풍기며, 한량없는 여러 가지 보배 장엄구로 꾸몄다.

금 그물을 위에 덮고 보배 풍경이 바람에 흔들려 미묘한 음성을 내고 진귀한 보배가 만 가

금망부상　　　보탁풍요　　　출묘음성　　　기진
金網覆上하며 寶鐸風搖에 出妙音聲하고 奇珍

만계　주잡전식　　일체신민　소공첨앙
萬計로 周市塡飾하니 一切臣民의 所共瞻仰이라

관정대왕　　독거기상　　　선포법화　　만방준
灌頂大王이 獨居其上하야 宣布法化에 萬邦遵

봉
奉하니라

기왕　　부이묘보엄신　　소위보광명보　　제
其王이 復以妙寶嚴身하니 所謂普光明寶와 帝

청보　대제청보　　승장마니보　명정여일
靑寶와 大帝靑寶와 勝藏摩尼寶가 明淨如日하고

청량유월　　주잡번포　　비여중성　　상묘
淸涼猶月하야 周市繁布호미 譬如衆星하야 上妙

장엄　제일무비
莊嚴이 第一無比하니라

지로 주위를 채워 장식하였으니, 일체 신민들이 함께 우러러보는 바이며, 관정을 받은 대왕이 홀로 그 위에 앉아서 법으로 교화를 선포하니 만방에서 따르고 받든다.

그 왕은 다시 미묘한 보배로 몸을 장엄하였으니 이른바 보광명 보배와 제청 보배와 대제청 보배와 승장마니 보배이다. 밝고 깨끗하기는 해와 같고 청량하기는 달과 같으며 두루 널린 것이 마치 온갖 별과 같으며 가장 미묘한 장엄은 제일이어서 견줄 데 없었다.

바다의 수승하고 미묘한 보배와 바다의 견고당 보배들이 기이한 무늬와 특이한 표현으로

해수묘보　해견고당보　기문이표　종종장
海殊妙寶와 海堅固幢寶의 奇文異表로 種種莊

엄
嚴하니라

어대중중　최존최승　염부단금이구보
於大衆中에 最尊最勝하며 閻浮檀金離垢寶

증　　이관기수　향관정위　왕염부제
繪으로 以冠其首하고 享灌頂位하야 王閻浮提에

구족무량대위덕력　이자위주　복제원
具足無量大威德力호대 以慈爲主하야 伏諸怨

적　교령소행　미불승순
敵하니 敎令所行에 靡不承順이니라

시　전륜왕　이여시등백천만억무량무수
時에 轉輪王이 以如是等百千萬億無量無數

보장엄좌　시어여래제일복전　급제보살
寶莊嚴座로 施於如來第一福田과 及諸菩薩

갖가지 장엄을 하였다.

대중 가운데 가장 높고 가장 수승하며, 염부단금과 때를 여읜 보배 비단을 머리에 쓰고 관정 받은 지위를 누리며, 염부제의 왕이 되어 한량없는 큰 위덕의 힘을 구족하고 자애로 으뜸을 삼아 모든 원수와 적을 항복 받으니, 교화하는 명령이 이르는 바에 받들어 따르지 않음이 없었다.

이때 전륜왕이 이와 같은 등 한량없고 수없는 백천만 억의 보배 장엄 사자좌로써 여래인 제일 복밭과 모든 보살들과 진실한 선지식과 어질고 성스러운 승보와 설법하는 스승과 부

진선지식　　현성승보설법지사　　부모종친
眞善知識과　賢聖僧寶說法之師와　父母宗親과

성문독각　　급이발취보살승자　　혹여래탑
聲聞獨覺과　及以發趣菩薩乘者와　或如來塔과

내지일체빈궁고로　　수기소수　　실개시
乃至一切貧窮孤露호대　隨其所須하야　悉皆施

여　　이차선근　　여시회향
與하며　以此善根으로　如是迴向하나니라

소위원일체중생　　좌보리좌　　실능각오제
所謂願一切衆生이　坐菩提座하야　悉能覺悟諸

불정법　　원일체중생　　처자재좌　　득법
佛正法하며　願一切衆生이　處自在座하야　得法

자재　　제금강산　　소불능괴　　능실최복일
自在하야　諸金剛山의　所不能壞라　能悉摧伏一

체마군
切魔軍하니라

모와 종친과 성문과 독각과 그리고 보살승에 나아가는 이와 혹은 여래의 탑과 내지 일체 빈궁하고 외로운 이들에게까지 보시하되 그 요구하는 바를 따라 모두 다 베풀어 주었다.

이 선근으로 이와 같이 회향한다.

이른바 일체 중생이 보리좌에 앉아서 모두 능히 모든 부처님의 바른 법을 깨닫기를 원하며, 일체 중생이 자재한 자리에 앉아 법에 자재함을 얻어서 모든 금강산으로도 깨뜨릴 수 없는 바라 일체 마군을 능히 다 꺾어 항복 받기를 원한다.

일체 중생이 부처님의 자재한 사자좌를 얻어

원일체중생 득불자재사자지좌 일체중
願一切衆生이 得佛自在師子之座하야 一切衆

생지소첨앙 원일체중생 득불가설불가
生之所瞻仰이며 願一切衆生이 得不可說不可

설종종수묘보장엄좌 어법자재 화도
說種種殊妙寶莊嚴座하야 於法自在하야 化導

중생
衆生하니라

원일체중생 득삼종세간최수승좌 광대
願一切衆生이 得三種世間最殊勝座하야 廣大

선근지소엄식 원일체중생 득주변불가
善根之所嚴飾이며 願一切衆生이 得周徧不可

설불가설세계좌 아승지겁 탄지무진
說不可說世界座하야 阿僧祇劫에 歎之無盡이니라

원일체중생 득대심밀복덕지좌 기신
願一切衆生이 得大深密福德之座하야 其身이

서 일체 중생의 우러러보는 바가 되기를 원하며, 일체 중생이 말할 수 없이 말할 수 없는 갖가지 수승하고 미묘한 보배로 장엄한 자리를 얻어서 법에 자재하여 중생을 교화하여 인도하기를 원한다.

일체 중생이 세 가지 세간의 가장 수승한 자리를 얻어서 광대한 선근으로 장엄하는 바이기를 원하며, 일체 중생이 말할 수 없이 말할 수 없는 세계에 두루 가득한 자리를 얻어서 아승지겁 동안 찬탄함이 다함없기를 원한다.

일체 중생이 크고 깊고 비밀한 복덕의 자리를 얻어서 그 몸이 일체 법계에 충만하기를 원

충만일체법계　　원일체중생　　득부사의종
充滿一切法界하며 願一切衆生이 得不思議種

종보좌　　　수기본원　　소념중생　　　광개법
種寶座하야 隨其本願의 所念衆生하야 廣開法

시
施하나라

원일체중생　　득선묘좌　　　현불가설제불신
願一切衆生이 得善妙座하야 現不可說諸佛神

통　　원일체중생　　득일체보좌　　일체향좌
通하며 願一切衆生이 得一切寶座와 一切香座와

일체화좌　　일체의좌　　일체만좌　　일체마니
一切華座와 一切衣座와 一切鬘座와 一切摩尼

좌　　일체유리등부사의종종보좌　　무량불
座와 一切瑠璃等不思議種種寶座와 無量不

가설세계좌　　일체세간장엄청정좌　　일체
可說世界座와 一切世間莊嚴清淨座와 一切

하며, 일체 중생이 부사의한 갖가지 보배 자리를 얻어서 그 본래의 원을 따라서 생각하는 바 중생에게 법보시를 널리 열기를 원한다.

일체 중생이 좋고 미묘한 자리를 얻어서 말할 수 없는 모든 부처님의 신통을 나타내기를 원하며, 일체 중생이 일체 보배 자리와 일체 향 자리와 일체 꽃 자리와 일체 옷 자리와 일체 화만 자리와 일체 마니 자리와 일체 유리 자리 등 부사의한 갖가지 보배 자리와 한량없고 말할 수 없는 세계 자리와 일체 세간을 장엄한 청정한 자리와 일체 금강 자리를 얻어서 여래 위덕의 자재함을 나타내 보여 최정각 이

금강좌　　시현여래위덕자재　　성최정각
金剛座하야 示現如來威德自在하야 成最正覺이니라

시위보살마하살　　시보좌시　　선근회향
是爲菩薩摩訶薩이 施寶座時에 善根迴向이니

위령중생　　획이세간대보리좌　　자연각
爲令衆生으로 獲離世間大菩提座하야 自然覺

오일체불법고
悟一切佛法故니라

불자　보살마하살　　시제보개
佛子야 菩薩摩訶薩이 施諸寶蓋하나니라

차개　수특　　존귀소용　　종종대보　이위
此蓋가 殊特하야 尊貴所用이며 種種大寶로 而爲

장엄　　백천억나유타상묘개중　최위제
莊嚴하야 百千億那由他上妙蓋中에 最爲第

루기를 원한다.

이것이 보살마하살이 보배 자리를 보시할 때에 선근으로 회향하는 것이니, 중생들로 하여금 세간을 여의는 큰 보리좌를 얻어서 자연히 일체 불법을 깨닫게 하기 위한 까닭이다.

불자들이여, 보살마하살이 모든 보배 일산을 보시한다.

이 일산은 특수하여 존귀한 이가 사용하는 것이며, 갖가지 큰 보배로 장엄하였으니 백천억 나유타 높고 미묘한 일산 중에 가장 제일이다.

일
一이라

중보위간　　묘망부상　　　보승금령　　주잡
衆寶爲竿하고　妙網覆上하며　寶繩金鈴이　周帀

수하　　마니영락　　차제현포　　미풍취동
垂下하고　摩尼瓔珞이　次第懸布하야　微風吹動에

묘음극해　　　주옥보장　　　종종충만　　　무량
妙音克諧하며　珠玉寶藏이　種種充滿하고　無量

기진　　실이엄식　　　전단침수　　묘향보훈
奇珍으로　悉以嚴飾하며　栴檀沈水가　妙香普熏하고

염부단금　광명청정
閻浮檀金이　光明淸淨하니라

여시무량백천억나유타아승지중묘보물
如是無量百千億那由他阿僧祇衆妙寶物로

구족장엄　　　이청정심　　　봉시어불　　급불
具足莊嚴하야　以淸淨心으로　奉施於佛과　及佛

온갖 보배로 장대가 되고 미묘한 그물을 위에 덮었으며, 보배 노끈과 금방울이 두루두루 드리웠고, 마니 영락이 차례로 매달려 펼쳐져서 미풍이 불어 미묘한 소리가 지극히 조화로우며, 주옥 보배 창고가 갖가지로 충만하고, 한량없는 진기한 보배로 모두 장식하였으며, 전단향과 침수향의 미묘한 향기가 널리 풍기고 염부단금의 광명이 청정하였다.

이와 같이 한량없는 백천억 나유타 아승지의 온갖 미묘한 보물로 구족하게 장엄하여 청정한 마음으로 부처님과 부처님께서 열반하신 후에 있는 탑묘에 받들어 보시한다.

멸후소유탑묘
滅後所有塔廟하니라

혹위법고　시제보살　급선지식　명문법
或爲法故로　施諸菩薩과　及善知識과　名聞法

사　　혹시부모　　혹시승보
師하며　或施父母하며　或施僧寶하니라

혹부봉시일체불법　　혹시종종중생복전
或復奉施一切佛法하며　或施種種衆生福田하며

혹시사승　급제존숙　　혹시초발보리지심
或施師僧과　及諸尊宿하며　或施初發菩提之心과

내지일체빈궁고로　　수유구자　　실개시
乃至一切貧窮孤露호대　隨有求者하야　悉皆施

여　　이차선근　　여시회향
與하며　以此善根으로　如是迴向하나니라

소위원일체중생　　근수선근　　이부기신
所謂願一切衆生이　勤修善根하야　以覆其身하야

혹은 법을 위하는 까닭에 모든 보살과 선지식과 명망 있는 법사에게 보시하며, 혹은 부모에게 보시하며, 혹은 승보에게 보시한다.

혹은 다시 일체 불법에 받들어 보시하며, 혹은 갖가지 중생의 복밭에 보시하며, 혹은 사승과 모든 존숙에게 보시하며, 혹은 처음 보리심을 낸 이와 내지 일체 빈궁하고 외로운 이에게 보시하되, 구함이 있는 바를 따라 모두 다 베풀어 준다.

이 선근으로 이와 같이 회향한다.

이른바 일체 중생이 선근을 부지런히 닦아 그 몸을 덮어서 항상 모든 부처님의 보호하시

상위제불지소비음
常爲諸佛之所庇廕하나라

원일체중생　공덕지혜　이위기개　　영리
願一切衆生이 功德智慧로 以爲其蓋하야 永離

세간일체번뇌
世間一切煩惱하나라

원일체중생　부이선법　　제멸세간진구열
願一切衆生이 覆以善法하야 除滅世間塵垢熱

뇌　　원일체중생　득지혜장　　영중락견
惱하며 願一切衆生이 得智慧藏하야 令衆樂見하야

심무염족
心無厭足하나라

원일체중생　이적정백법　　이자부음
願一切衆生이 以寂靜白法으로 而自覆蔭하야

개득구경불괴불법　　원일체중생　선부기
皆得究竟不壞佛法하며 願一切衆生이 善覆其

는 바가 되기를 원한다.

일체 중생이 공덕과 지혜로 그 일산을 삼아서 세간의 일체 번뇌를 길이 여의기를 원한다.

일체 중생이 선법으로 덮어서 세간의 때와 뜨거운 번뇌를 멸하여 없애기를 원하며, 일체 중생이 지혜장을 얻어서 대중으로 하여금 즐겨 보고 마음에 만족해 싫어함이 없기를 원한다.

일체 중생이 고요하고 선한 법으로 스스로 덮어서 다 구경에 무너지지 않는 불법을 얻기를 원하며, 일체 중생이 그 몸을 잘 덮어서 구경에 여래의 청정한 법신이기를 원한다.

신　　구경여래청정법신
身하야 究竟如來淸淨法身하니라

원일체중생　작주변개　　십력지혜　　변부
願一切衆生이 作周徧蓋하야 十力智慧로 徧覆

세간　　원일체중생　득묘지혜　　출과삼
世間하며 願一切衆生이 得妙智慧하야 出過三

세　　무소염착
世하야 無所染著하니라

원일체중생　득응공개　　성승복전　　수
願一切衆生이 得應供蓋하야 成勝福田하야 受

일체공　　원일체중생　득최상개　　획무
一切供하며 願一切衆生이 得最上蓋하야 獲無

상지　　자연각오
上智하야 自然覺悟니라

시위보살마하살　보시개시　선근회향
是爲菩薩摩訶薩이 布施蓋時에 善根迴向이니라

일체 중생이 두루 덮는 일산이 되어 십력과 지혜로 세간을 두루 덮기를 원하며, 일체 중생이 미묘한 지혜를 얻어서 삼세를 벗어나 물들거나 집착하는 바가 없기를 원한다.

일체 중생이 응공의 일산을 얻어서 수승한 복밭을 이루어 일체의 공양을 받기를 원하며, 일체 중생이 가장 높은 일산을 얻고 위없는 지혜를 얻어서 자연히 깨닫기를 원한다.

이것이 보살마하살이 일산을 보시할 때에 선근으로 회향하는 것이다.

일체 중생으로 하여금 자재한 일산을 얻어서 일체 모든 선법을 능히 지니게 하기 위한 까닭

위령일체중생 득자재개 능지일체제
爲令一切衆生으로 得自在蓋하야 能持一切諸

선법고
善法故니라

위령일체중생 능이일개 보부일체허공
爲令一切衆生으로 能以一蓋로 普覆一切虛空

법계일체찰토 시현제불자재신통 무
法界一切剎土하야 示現諸佛自在神通하야 無

퇴전고
退轉故니라

위령일체중생 능이일개 장엄시방일체
爲令一切衆生으로 能以一蓋로 莊嚴十方一切

세계 공양불고
世界하야 供養佛故니라

위령일체중생 이묘당번 급제보개 공
爲令一切衆生으로 以妙幢幡과 及諸寶蓋로 供

이다.

일체 중생이 능히 한 일산으로 일체 허공과 법계의 일체 세계 국토를 널리 덮어서 모든 부처님의 자재한 신통을 나타내 보여 퇴전함이 없게 하기 위한 까닭이다.

일체 중생이 능히 한 일산으로 시방 일체 세계를 장엄하여 부처님께 공양올리게 하기 위한 까닭이다.

일체 중생이 미묘한 깃대와 깃발과 모든 보배 일산으로 일체 모든 여래께 공양올리게 하기 위한 까닭이다.

일체 중생이 널리 장엄한 일산을 얻어서 일

양 일 체 제 여 래 고
養一切諸如來故니라

위 령 일 체 중 생　　　득 보 장 엄 개　　　변 부 일 체
爲令一切衆生으로　得普莊嚴蓋하야　徧覆一切

제 불 국 토　　　진 무 여 고
諸佛國土하야　盡無餘故니라

위 령 일 체 중 생　　　득 광 대 개　　　보 개 중 생
爲令一切衆生으로　得廣大蓋하야　普蓋衆生하야

개 령 어 불　　생 신 해 고
皆令於佛에　生信解故니라

위 령 일 체 중 생　　　이 불 가 설 중 묘 보 개　　　공 양
爲令一切衆生으로　以不可說衆妙寶蓋로　供養

일 불　　어 불 가 설 일 일 불 소　　개 여 시 고
一佛하고　於不可說一一佛所에　皆如是故니라

위 령 일 체 중 생　　　득 불 보 리 고 광 지 개　　　보
爲令一切衆生으로　得佛菩提高廣之蓋하야　普

체 모든 부처님의 국토를 두루 덮어 모두 남음이 없게 하기 위한 까닭이다.

일체 중생으로 하여금 넓고 큰 일산을 얻어서 중생들을 널리 덮어 모두 부처님께 신심과 이해를 내게 하기 위한 까닭이다.

일체 중생이 말할 수 없는 온갖 미묘한 보배 일산으로 한 부처님께 공양올리고 말할 수 없는 낱낱 부처님 처소에 다 이와 같게 하기 위한 까닭이다.

일체 중생이 부처님 보리의 높고 넓은 일산을 얻어서 일체 모든 여래를 널리 덮게 하기 위한 까닭이다.

부 일 체 제 여 래 고
覆一切諸如來故니라

위 령 일 체 중 생　　　　득 일 체 마 니 보 장 엄 개　　　일
爲令一切衆生으로 得一切摩尼寶莊嚴蓋와　一

체 보 영 락 장 엄 개　　　일 체 견 고 향 장 엄 개　　　종
切寶瓔珞莊嚴蓋와　一切堅固香莊嚴蓋와　種

종 보 청 정 장 엄 개　　　무 량 보 청 정 장 엄 개　　　광
種寶清淨莊嚴蓋와　無量寶清淨莊嚴蓋와　廣

대 보 청 정 장 엄 개　　　보 망 미 부　　　보 령 수 하
大寶清淨莊嚴蓋와　寶網彌覆하고　寶鈴垂下하야

수 풍 요 동　　　출 미 묘 음　　　보 부 법 계 허 공 계 일
隨風搖動에　出微妙音하야　普覆法界虛空界一

체 세 계 제 불 신 고
切世界諸佛身故니라

위 령 일 체 중 생　　　　득 무 장 무 애 지 장 엄 개
爲令一切衆生으로 得無障無礙智莊嚴蓋하야

일체 중생이 일체 마니 보배로 장엄한 일산과, 일체 보배 영락으로 장엄한 일산과, 일체 견고한 향으로 장엄한 일산과, 갖가지 보배로 청정하게 장엄한 일산과, 한량없는 보배로 청정하게 장엄한 일산과, 광대한 보배로 청정하게 장엄한 일산을 얻어서, 보배 그물로 두루 덮고 보배 방울을 드리워서 바람을 따라 흔들려 미묘한 소리를 내어 법계와 허공계 일체 세계의 모든 부처님 몸을 널리 덮게 하기 위한 까닭이다.

일체 중생이 장애 없고 걸림 없는 지혜로 장엄한 일산을 얻어서 일체 모든 여래를 널리 덮

보부일체제여래고
普覆一切諸如來故니라

우욕령일체중생　득제일지혜고　우욕령
又欲令一切衆生으로 **得第一智慧故**며 **又欲令**

일체중생　득불공덕장엄고
一切衆生으로 **得佛功德莊嚴故**니라

우욕령일체중생　어불공덕　생청정욕원
又欲令一切衆生으로 **於佛功德**에 **生淸淨欲願**

심고　우욕령일체중생　득무량무변자재
心故며 **又欲令一切衆生**으로 **得無量無邊自在**

심보고
心寶故니라

우욕령일체중생　만족제법자재지고　우
又欲令一切衆生으로 **滿足諸法自在智故**며 **又**

욕령일체중생　이제선근　보부일체고
欲令一切衆生으로 **以諸善根**으로 **普覆一切故**니라

게 하기 위한 까닭이다.

또 일체 중생이 제일가는 지혜를 얻게 하기 위한 까닭이며, 또 일체 중생이 부처님의 공덕 장엄을 얻게 하기 위한 까닭이다.

또 일체 중생이 부처님의 공덕에 청정한 바람과 서원의 마음을 내게 하기 위한 까닭이며, 또 일체 중생이 한량없고 가없는 자재한 마음 보배를 얻게 하기 위한 까닭이다.

또 일체 중생이 모든 법에 자재한 지혜를 만족케 하기 위한 까닭이며, 또 일체 중생이 모든 선근으로 일체를 널리 덮게 하기 위한 까닭이다.

우욕령일체중생　　성취최승지혜개고　우
又欲令一切衆生으로 成就最勝智慧蓋故며 又

욕령일체중생　　성취십력보변개고
欲令一切衆生으로 成就十力普徧蓋故니라

우욕령일체중생　　능이일개　미부법계제
又欲令一切衆生으로 能以一蓋로 彌覆法界諸

불찰고　우욕령일체중생　어법자재
佛刹故며 又欲令一切衆生으로 於法自在하야

위법왕고
爲法王故니라

우욕령일체중생　　득대위덕자재심고　우
又欲令一切衆生으로 得大威德自在心故며 又

욕령일체중생　득광대지　항무절고
欲令一切衆生으로 得廣大智하야 恒無絶故니라

우욕령일체중생　　득무량공덕　보부일
又欲令一切衆生으로 得無量功德하야 普覆一

또 일체 중생이 가장 수승한 지혜 일산을 성취케 하기 위한 까닭이며, 또 일체 중생이 십력으로 널리 두루한 일산을 성취케 하기 위한 까닭이다.

또 일체 중생이 능히 한 일산으로 법계의 모든 부처님 세계를 두루 덮게 하기 위한 까닭이며, 또 일체 중생이 법에 자재하여 법왕이 되게 하기 위한 까닭이다.

또 일체 중생이 큰 위덕과 자재한 마음을 얻게 하기 위한 까닭이며, 또 일체 중생이 광대한 지혜를 얻어서 항상 끊어짐이 없게 하기 위한 까닭이다.

체　　개구경고　　우욕령일체중생　　이제
切하야 皆究竟故며 又欲令一切衆生으로 以諸

공덕　　개기심고
功德으로 蓋其心故니라

우욕령일체중생　　이평등심　　부중생고
又欲令一切衆生으로 以平等心으로 覆衆生故며

우욕령일체중생　　득대지혜평등개고
又欲令一切衆生으로 得大智慧平等蓋故니라

우욕령일체중생　　구대회향교방편고　　우
又欲令一切衆生으로 具大迴向巧方便故며 又

욕령일체중생　　획승욕락청정심고
欲令一切衆生으로 獲勝欲樂淸淨心故니라

우욕령일체중생　　득선욕락청정의고　　우
又欲令一切衆生으로 得善欲樂淸淨意故며 又

욕령일체중생　　득대회향　　보부일체제
欲令一切衆生으로 得大迴向하야 普覆一切諸

또 일체 중생이 한량없는 공덕을 얻어서 일체를 널리 덮어 다 구경이게 하기 위한 까닭이며, 또 일체 중생이 모든 공덕으로 그 마음을 덮게 하기 위한 까닭이다.

또 일체 중생이 평등한 마음으로 중생을 덮게 하기 위한 까닭이며, 또 일체 중생이 큰 지혜의 평등한 일산을 얻게 하기 위한 까닭이다.

또 일체 중생이 크게 회향하는 공교한 방편을 갖추게 하기 위한 까닭이며, 또 일체 중생이 수승한 욕락과 청정한 마음을 얻게 하기 위한 까닭이다.

또 일체 중생이 선한 욕락과 청정한 뜻을 얻

중생고
衆生故니라

불자　보살마하살　혹시종종상묘당번
佛子야　菩薩摩訶薩이　或施種種上妙幢幡호대

중보위간　　보증위번　　종종잡채　　이위
衆寶爲竿하고　寶繒爲幡하고　種種雜綵로　以爲

기당
其幢이라

보망수부　　광색변만　　보탁미요　　음절
寶網垂覆하야　光色徧滿하며　寶鐸微搖하야　音節

상화　　기특묘보　　형여반월　　염부단금
相和하며　奇特妙寶의　形如半月과　閻浮檀金의

광유교일　　실치당상　　수제세계　　업과소
光逾皎日로　悉置幢上하고　隨諸世界의　業果所

게 하기 위한 까닭이며, 또 일체 중생이 크게

회향함을 얻어서 일체 모든 중생들을 널리 덮

게 하기 위한 까닭이다.

불자들이여, 보살마하살이 혹은 갖가지 가

장 미묘한 깃대와 깃발을 보시한다.

온갖 보배로 장대가 되고 보배 비단으로 깃

발이 되고 갖가지 여러 채단으로 그 깃대가 되

었다.

보배 그물을 드리워 덮어서 광채가 두루 가

득하며, 보배 풍경이 조금 흔들려 음절이 서로

조화로우며, 기특하고 미묘한 보배의 형상이

현　종종묘물　이위엄식
現인 種種妙物로 以爲嚴飾하니라

여시무수천만억나유타제묘당번　접영연
如是無數千萬億那由他諸妙幢幡이 接影連

휘　　체상간발　　광명엄결　　주변대지
輝하야 遞相閒發하며 光明嚴潔하야 周徧大地하고

충만시방허공법계일체불찰
充滿十方虛空法界一切佛刹하니라

보살마하살　정심신해　　이여시등무량당
菩薩摩訶薩이 淨心信解하야 以如是等無量幢

번　　혹시현재일체제불　급불멸후소유탑
幡으로 或施現在一切諸佛과 及佛滅後所有塔

묘　　혹시법보　　혹시승보　　혹시보살제
廟하며 或施法寶하며 或施僧寶하며 或施菩薩諸

선지식　　혹시성문　급벽지불　　혹시대
善知識하며 或施聲聞과 及辟支佛하며 或施大

반달과 같으며, 빛이 해보다 밝은 염부단금을 모두 깃대 위에 두었으며, 모든 세계의 업과를 따라 나타나는 갖가지 미묘한 것으로 장식하였다.

이와 같이 수없는 천만억 나유타의 모든 미묘한 깃대와 깃발들이 그림자를 접하고 빛을 이어서 번갈아 서로 사이에 펼치며, 광명이 장엄하고 깨끗하며 대지에 두루 가득하고 시방 허공 법계의 일체 부처님 세계에 충만하였다.

보살마하살이 청정한 마음으로 믿고 이해하여, 이와 같은 등 한량없는 깃대와 깃발로 혹

중　　혹시별인　　제래구자　　보개시여
衆하며 或施別人호대 諸來求者를 普皆施與하고

이차선근　　여시회향
以此善根으로 如是迴向하나니라

소위원일체중생　　개능건립일체선근복덕
所謂願一切衆生이 皆能建立一切善根福德

당번　　불가훼괴
幢幡하야 不可毀壞하나라

원일체중생　　건일체법자재당번　　존중애
願一切衆生이 建一切法自在幢幡하야 尊重愛

락　　근가수호
樂하야 勤加守護하나라

원일체중생　　상이보증　　서사정법　　호
願一切衆生이 常以寶繒으로 書寫正法하야 護

지제불보살법장
持諸佛菩薩法藏하나라

은 현재 일체 모든 부처님과 부처님께서 열반 하신 후에 있는 탑묘에 보시하며, 혹은 법보에 보시하며, 혹은 승보에 보시하며, 혹은 보살과 모든 선지식들에게 보시하며, 혹은 성문과 벽 지불에게 보시하며, 혹은 대중에게 보시하며, 혹은 다른 사람에게 보시하되 모든 와서 구하 는 자에게 널리 다 베풀어 준다.

이 선근으로 이와 같이 회향한다.

이른바 일체 중생이 모두 능히 일체 선근과 복덕의 깃대와 깃발을 건립하되 훼손하거나 파 괴할 수 없기를 원한다.

일체 중생이 일체 법에 자재한 깃대와 깃발

원 일 체 중 생　　　건 고 현 당　　　연 지 혜 등　　　보
願一切衆生이 建高顯幢하고 然智慧燈하야 普

조 세 간
照世間하니라

원 일 체 중 생　　　입 견 고 당　　　실 능 최 진 일 체 마
願一切衆生이 立堅固幢하야 悉能摧殄一切魔

업
業하니라

원 일 체 중 생　　　건 지 력 당　　　일 체 제 마　　　소 불
願一切衆生이 建智力幢하야 一切諸魔의 所不

능 괴
能壞니라

원 일 체 중 생　　　득 대 지 혜 나 라 연 당　　　최 멸 일
願一切衆生이 得大智慧那羅延幢하야 摧滅一

체 세 간 당 번
切世間幢幡하니라

을 세워서 존중하고 좋아하여 부지런히 더욱 수호하기를 원한다.

일체 중생이 항상 보배 비단에 정법을 써서 모든 부처님과 보살의 법장을 보호하여 지니기를 원한다.

일체 중생이 높은 깃대를 세우고 지혜의 등불을 켜서 세간을 널리 비추기를 원한다.

일체 중생이 견고한 깃대를 세워 일체 마군의 업을 다 능히 꺾어 부수기를 원한다.

일체 중생이 지혜의 힘의 깃대를 세워 일체 모든 마군이 깨뜨릴 수 없기를 원한다.

일체 중생이 큰 지혜의 나라연 깃대를 얻어

원일체중생 득지혜일대광명당 이지일
願一切衆生이 得智慧日大光明幢하야 以智日

광 보조법계
光으로 普照法界하나라

원일체중생 구족무량보장엄당 충만시
願一切衆生이 具足無量寶莊嚴幢하야 充滿十

방일체세계 공양제불
方一切世界하야 供養諸佛하나라

원일체중생 득여래당 최멸일체구십육
願一切衆生이 得如來幢하야 摧滅一切九十六

종외도사견
種外道邪見이니라

시위보살마하살 시당번시 선근회향
是爲菩薩摩訶薩의 施幢幡時에 善根迴向이니

위령일체중생 득심심고광보살행당 급
爲令一切衆生으로 得甚深高廣菩薩行幢과 及

서 일체 세간의 깃대와 깃발을 꺾어 없애기를 원한다.

일체 중생이 지혜의 해인 큰 광명의 깃대를 얻어서 지혜의 햇빛으로 법계를 널리 비추기를 원한다.

일체 중생이 한량없는 보배로 장엄한 깃대를 구족하고 시방의 일체 세계에 충만하여 모든 부처님께 공양올리기를 원한다.

일체 중생이 여래의 깃대를 얻어서 일체 아흔여섯 가지 외도의 삿된 소견을 꺾어 없애기를 원한다.

이것이 보살마하살이 깃대와 깃발로 보시할

제 보 살 신 통 행 당　　청 정 도 고
諸菩薩神通行幢의　清淨道故니라

불 자　　보 살 마 하 살　　개 중 보 장　　　이 백 천 억
佛子야　菩薩摩訶薩이　開衆寶藏하야　以百千億

나 유 타 제 묘 진 보　　급 시 무 수 일 체 중 생　　　수
那由他諸妙珍寶로　給施無數一切衆生호대　隨

의 여 지　　심 무 린 석　　이 제 선 근　　여 시 회
意與之하야　心無吝惜하고　以諸善根으로　如是迴

향
向하나니라

소 위 원 일 체 중 생　　상 견 불 보　　사 리 우 치
所謂願一切衆生이　常見佛寶하야　捨離愚癡하고

수 행 정 념
修行正念하니라

때에 선근으로 회향하는 것이니, 일체 중생으로 하여금 매우 깊고 높고 넓은 보살행의 깃대와 모든 보살들 신통행의 깃대의 청정한 도를 얻게 하기 위한 까닭이다.

불자들이여, 보살마하살이 온갖 보배 창고를 열어서 백천억 나유타 모든 미묘하고 진귀한 보배를 수없는 일체 중생에게 보시하되 뜻을 따라 주고 마음에 인색함이 없다.

모든 선근으로 이와 같이 회향한다.

이른바 일체 중생이 항상 불보를 친견하여 어리석음을 버리고 여의어 바른 생각을 수행

원일체중생 개득구족법보광명 호지일
願一切衆生이 皆得具足法寶光明하야 護持一

체 제불법장
切諸佛法藏하니라

원일체중생 능실섭수일체승보 주급공
願一切衆生이 能悉攝受一切僧寶하야 周給供

양 항무염족
養호대 恒無厭足하니라

원일체중생 득일체지무상심보 정보리
願一切衆生이 得一切智無上心寶하야 淨菩提

심 무유퇴전
心호대 無有退轉하니라

원일체중생 득지혜보 보입제법 심
願一切衆生이 得智慧寶하야 普入諸法호대 心

무의혹
無疑惑하니라

하기를 원한다.

일체 중생이 모두 법보의 광명을 구족함을 얻어서 일체 모든 부처님의 법장을 보호해 지니기를 원한다.

일체 중생이 능히 일체 승보를 모두 거두어 받들고 두루 시중들며 공양올리되 언제나 만족해 싫어함이 없기를 원한다.

일체 중생이 일체지의 위없는 마음 보배를 얻어서 보리심을 청정케 하되 퇴전하지 않기를 원한다.

일체 중생이 지혜의 보배를 얻어서 모든 법에 널리 들어가되 마음에 의혹이 없기를 원한다.

원일체중생　　　구족보살제공덕보　　　개시연
願一切衆生이　具足菩薩諸功德寶하야　開示演

설무량지혜
說無量智慧하니라

원일체중생　　　득어무량묘공덕보　　　수성정
願一切衆生이　得於無量妙功德寶하야　修成正

각십력지혜
覺十力智慧하니라

원일체중생　　　득묘삼매십육지보　　　구경성
願一切衆生이　得妙三昧十六智寶하야　究竟成

만광대지혜
滿廣大智慧하니라

원일체중생　　　성취제일복전지보　　　오입여
願一切衆生이　成就第一福田之寶하야　悟入如

래무상지혜
來無上智慧하니라

일체 중생이 보살의 모든 공덕 보배를 구족하고 한량없는 지혜를 열어 보여 연설하기를 원한다.

일체 중생이 한량없는 미묘한 공덕 보배를 얻어서 정각의 십력과 지혜를 닦아 이루기를 원한다.

일체 중생이 묘한 삼매와 열여섯 지혜의 보배를 얻어서 구경에 광대한 지혜를 원만히 이루기를 원한다.

일체 중생이 제일인 복밭의 보배를 성취하여 여래의 위없는 지혜에 깨달아 들어가기를 원한다.

원 일체중생   득성제일무상보주   이무진
願一切衆生이 得成第一無上寶主하야 以無盡

변   개연제법
辯으로 開演諸法이니라

시위보살마하살   시중보시   선근회향
是爲菩薩摩訶薩의 施衆寶時에 善根迴向이니

위령일체중생   개득성만제일지보   여래
爲令一切衆生으로 皆得成滿第一智寶와 如來

무애정안보고
無礙淨眼寶故니라

불자   보살마하살   혹이종종묘장엄구   이
佛子야 菩薩摩訶薩이 或以種種妙莊嚴具로 而

위보시   소위일체신장엄구   영신정묘
爲布施호대 所謂一切身莊嚴具가 令身淨妙하야

일체 중생이 제일인 위없는 보배 주인을 이루고 다함없는 변재로 모든 법을 열어 연설하기를 원한다.

이것이 보살마하살이 온갖 보배를 보시할 때에 선근으로 회향하는 것이니, 일체 중생으로 하여금 모두 제일 지혜의 보배와 여래의 걸림없는 청정한 눈의 보배를 원만히 이룸을 얻게 하기 위한 까닭이다.

불자들이여, 보살마하살이 혹은 갖가지 미묘한 장엄구로 보시한다.

이른바 일체 몸의 장엄구로 몸을 깨끗하고

미불칭가
靡不稱可니라

보살마하살   등관일체세간중생   유여일
菩薩摩訶薩이 等觀一切世間衆生을 猶如一

자   욕령개득신정장엄   성취세간최상
子하야 欲令皆得身淨莊嚴하야 成就世間最上

안락   불지혜락   안주불법   이익중
安樂과 佛智慧樂하야 安住佛法하야 利益衆

생   이여시등백천억나유타종종수묘
生호려하야 以如是等百千億那由他種種殊妙

보장엄구   근행보시   행보시시   이제선
寶莊嚴具로 勤行布施하니 行布施時에 以諸善

근   여시회향
根으로 如是迴向하나니라

소위원일체중생   성취무상묘장엄구   이
所謂願一切衆生이 成就無上妙莊嚴具하야 以

미묘하게 하여 알맞지 않음이 없다.

　보살마하살이 일체 세간의 중생들을 마치 외아들 같이 평등하게 살펴서 모두 몸을 청정하게 장엄하여, 세간의 최상의 안락과 부처님 지혜의 낙을 성취하고 불법에 편안히 머물러서 중생들을 이익케 하려는 것이다. 이와 같은 등 백천억 나유타의 갖가지 특수하고 미묘한 보배 장엄구로 부지런히 보시를 행한다.

　보시를 행할 때에 모든 선근으로 이와 같이 회향한다.

　이른바 일체 중생이 위없는 미묘한 장엄구를 성취하여 모든 청정한 공덕과 지혜로 인간과

제 청 정 공 덕 지 혜   장 엄 인 천
諸淸淨功德智慧로 莊嚴人天하니라

원 일 체 중 생   득 청 정 장 엄 상   이 정 복 덕
願一切衆生이 得淸淨莊嚴相하야 以淨福德으로

장 엄 기 신
莊嚴其身하니라

원 일 체 중 생   득 상 묘 장 엄 상   이 백 복 상
願一切衆生이 得上妙莊嚴相하야 以百福相으로

장 엄 기 신
莊嚴其身하니라

원 일 체 중 생   득 부 잡 란 장 엄 상   이 일 체
願一切衆生이 得不雜亂莊嚴相하야 以一切

상   장 엄 기 신
相으로 莊嚴其身하니라

원 일 체 중 생   득 선 정 어 언 장 엄 상   구 족 종
願一切衆生이 得善淨語言莊嚴相하야 具足種

천상을 장엄하기를 원한다.

일체 중생이 청정하고 장엄한 모양을 얻어서 깨끗한 복덕으로 그 몸을 장엄하기를 원한다.

일체 중생이 가장 미묘하게 장엄한 모양을 얻어서 온갖 복의 모양으로 그 몸을 장엄하기를 원한다.

일체 중생이 뒤섞여 어지럽지 않은 장엄한 모양을 얻어서 일체 모양으로 그 몸을 장엄하기를 원한다.

일체 중생이 선하고 깨끗한 말로 장엄한 모양을 얻어서 갖가지 다함없는 변재를 구족하

종무진변재
種無盡辯才하니라

원일체중생 득일체공덕성장엄상 기음
願一切衆生이 得一切功德聲莊嚴相하야 其音

청정 문자희열
清淨하야 聞者喜悅하니라

원일체중생 득가애락제불어언장엄상 영
願一切衆生이 得可愛樂諸佛語言莊嚴相하야 令

제중생 문법환희 수청정행
諸衆生으로 聞法歡喜하야 修清淨行하니라

원일체중생 득심장엄상 입심선정 보
願一切衆生이 得心莊嚴相하야 入深禪定하야 普

견제불
見諸佛하니라

원일체중생 득총지장엄상 조명일체제
願一切衆生이 得摠持莊嚴相하야 照明一切諸

기를 원한다.

일체 중생이 일체 공덕의 소리로 장엄한 모양을 얻어서 그 음성이 청정하여 듣는 자가 기뻐하기를 원한다.

일체 중생이 사랑스러운 모든 부처님 말씀의 장엄한 모양을 얻어서 모든 중생들로 하여금 법을 듣고 환희하며 청정한 행을 닦게 하기를 원한다.

일체 중생이 마음으로 장엄한 모양을 얻고 깊은 선정에 들어가 모든 부처님을 널리 친견하기를 원한다.

일체 중생이 총지로 장엄한 모양을 얻어서

불정법
佛正法하니라

원 일 체 중 생　　 득 지 혜 장 엄 상　　 이 불 지 혜
願一切衆生이 **得智慧莊嚴相**하야 **以佛智慧**로

장 엄 기 심
莊嚴其心이니라

시 위 보 살 마 하 살　　 혜 시 일 체 장 엄 구 시　　 선 근
是爲菩薩摩訶薩의 **惠施一切莊嚴具時**에 **善根**

회 향　　 위 령 중 생　　 구 족 일 체 무 량 불 법　　　 공
迴向이니 **爲令衆生**으로 **具足一切無量佛法**하야 **功**

덕 지 혜　　 원 만 장 엄　　 영 리 일 체 교 만 방 일 고
德智慧로 **圓滿莊嚴**하야 **永離一切憍慢放逸故**니라

불 자　　 보 살 마 하 살　　 이 수 관 정 자 재 왕 위　　 마
佛子야 **菩薩摩訶薩**이 **以受灌頂自在王位**의 **摩**

일체 모든 부처님의 정법을 밝게 비추기를 원한다.

일체 중생이 지혜로 장엄한 모양을 얻어서 부처님의 지혜로 그 마음을 장엄하기를 원한다.

이것이 보살마하살이 일체 장엄구로 보시할 때에 선근으로 회향하는 것이니, 중생으로 하여금 일체 한량없는 불법을 구족하고 공덕과 지혜로 원만하게 장엄하여 일체 교만과 방일을 영원히 여의게 하기 위한 까닭이다.

불자들이여, 보살마하살이 관정을 받은 자재한 왕위와 마니 보배 관과 상투 속의 구슬을

니보관 　 급계중주 　 보시중생 　 심무린
尼寶冠과 及髻中珠로 普施衆生호대 心無吝

석 　 상근수습 　 위대시주 　 수학시혜
惜하고 常勤修習하야 爲大施主하야 修學施慧하며

증장사근 　 지혜선교 　 기심광대 　 급시
增長捨根과 智慧善巧하야 其心廣大하야 給施

일체 　 이피선근 　 여시회향
一切하며 以彼善根으로 如是迴向하나니라

소위원일체중생 　 득제불법지소관정 　 성
所謂願一切衆生이 得諸佛法之所灌頂하야 成

일체지 　 원일체중생 　 구족정계 　 득제
一切智하며 願一切衆生이 具足頂髻하야 得第

일지 　 도어피안
一智하야 到於彼岸하나니라

원일체중생 　 이묘지보 　 보섭중생 　 개령
願一切衆生이 以妙智寶로 普攝衆生하야 皆令

중생들에게 널리 보시하되 마음에 아까워함이 없고, 항상 부지런히 닦아 익혀서 큰 시주가 되며, 보시하는 지혜를 수학하여 버리는 근을 증장하며, 지혜가 교묘하고 그 마음이 광대하여 일체를 베풀어 준다.

그 선근으로 이와 같이 회향한다.

이른바 일체 중생이 모든 불법의 관정한 바를 얻어 일체지를 이루기를 원하며, 일체 중생이 정수리의 상투를 구족하여 제일의 지혜를 얻어서 피안에 이르기를 원한다.

일체 중생이 미묘한 지혜의 보배로 중생들을 널리 포섭하여 다 공덕의 정상을 끝까지 성취

구경공덕지정　　　원일체중생　　개득성취지
究竟功德之頂하며 願一切衆生이 皆得成就智

혜보정　　감수세간지소예경
慧寶頂하야 堪受世間之所禮敬하나라

원일체중생　　이지혜관　　　장엄기수　　　위
願一切衆生이 以智慧冠으로 莊嚴其首하야 爲

일체법자재지왕　　원일체중생　　지혜명주
一切法自在之王하며 願一切衆生이 智慧明珠로

계기정상　　일체세간　　무능견자
繫其頂上하야 一切世間이 無能見者하나라

원일체중생　　개실감수세간정례　　성취혜
願一切衆生이 皆悉堪受世間頂禮하야 成就慧

정　　조명불법　　원일체중생　　수관십력
頂하야 照明佛法하며 願一切衆生이 首冠十力

장엄지관　　지혜보해　　청정구족
莊嚴之冠하야 智慧寶海가 淸淨具足하나라

케 하기를 원하며, 일체 중생이 다 지혜의 보배 정상을 성취함을 얻어서 세간의 예경하는 바를 감수하게 되기를 원한다.

일체 중생이 지혜의 관으로 그 머리를 장엄하고 일체 법에 자재한 왕이 되기를 원하며, 일체 중생이 지혜의 밝은 구슬을 그 정수리에 매고 일체 세간에서 능히 볼 자가 없기를 원한다.

일체 중생이 모두 다 세간의 정례를 감수하고 지혜의 정상을 성취하여 부처님 법을 밝게 비추기를 원하며, 일체 중생이 십력으로 장엄한 관을 머리에 쓰고 지혜의 보배 바다가 청정

원일체중생　　지대지정　　　득일체지　　　구
願一切衆生이　至大地頂하야　得一切智하야　究

경십력　　　　파욕계정　　　제마권속　　　원제중
竟十力하야　破欲界頂의　諸魔眷屬하며　願諸衆

생　　득성제일무상정왕　　　획일체지광명지
生이　得成第一無上頂王하야　獲一切智光明之

정　　　무능영탈
頂하야　無能映奪이니라

시위보살마하살　　시보관시　　선근회향
是爲菩薩摩訶薩의　施寶冠時에　善根廻向이니

위령중생　　　득제일지최청정처지혜마니묘
爲令衆生으로　得第一智最淸淨處智慧摩尼妙

보관고
寶冠故니라

히 구족하기를 원한다.

일체 중생이 대지의 정상에 이르러 일체 지혜를 얻고 십력을 끝까지 이루어 욕계 정상의 모든 마군의 권속들을 깨뜨리기를 원하며, 모든 중생들이 제일이고 위없는 정상의 왕이 되어 일체 지혜 광명의 정상을 얻어서 덮어 가릴 수 없기를 원한다.

이것이 보살마하살이 보배 관을 보시할 때에 선근으로 회향하는 것이니, 중생들로 하여금 제일의 지혜로 가장 청정한 자리에서 지혜마니로 된 미묘한 보배 관을 얻게 하기 위한 까닭이다.

불자　보살마하살　견유중생　처재뇌옥흑
佛子야 菩薩摩訶薩이 見有衆生이 處在牢獄黑

암지처　　추계가쇄　검계기신　　기좌불
闇之處하야 杻械枷鎖로 檢繫其身하야 起坐不

안　중고경집　무유친식　무귀무구
安하고 衆苦競集호대 無有親識하며 無歸無救하야

나로기리　산극난인
裸露飢羸에 酸劇難忍하나라

보살　견이　사기소유일체재보　처자권속
菩薩이 見已에 捨其所有一切財寶와 妻子眷屬과

급이자신　어뇌옥중　구피중생　여대비
及以自身하야 於牢獄中에 救彼衆生을 如大悲

보살　묘안왕보살
菩薩과 妙眼王菩薩하나라

기구도이　수기소수　보개급시　제
既救度已하야는 隨其所須하야 普皆給施하야 除

불자들이여, 보살마하살이 어떤 중생이 캄캄한 감옥에 있어서 수갑과 형틀과 칼과 쇠사슬로 그 몸이 묶이어 일어나고 앉기에 편안하지 않고 온갖 고통이 다투어 밀려오는데, 친지도 없고 돌아갈 데도 없고 구해줄 이도 없어서, 헐벗고 굶주리고 심한 고초를 참기 어려운 것을 보았다.

보살이 보고는 그가 소유한 일체 재물 보배와 처자 권속과 자기의 몸까지 버려서 감옥 중에서 그 중생을 구호하기를 마치 대비 보살과 묘안왕 보살처럼 한다.

이미 구호해 주고는 그가 요구하는 바를 따

기고환　　영득안은연후　　시이무상법보
其苦患하야 令得安隱然後에 施以無上法寶하야

영사방일　　안주선근　　어불교중　　심무
令捨放逸하고 安住善根하야 於佛敎中에 心無

퇴전
退轉이니라

불자　　보살마하살　　어뇌옥중　　구중생시
佛子야 菩薩摩訶薩이 於牢獄中에 救衆生時에

이제선근　　여시회향
以諸善根으로 如是迴向하나니라

소위원일체중생　　구경해탈탐애전박　　　원
所謂願一切衆生이 究竟解脫貪愛纏縛하며 願

일체중생　　단생사류　　승지혜안
一切衆生이 斷生死流하고 昇智慧岸하나니라

원일체중생　　제멸우치　　생장지혜　　　해
願一切衆生이 除滅愚癡하고 生長智慧하야 解

라 널리 다 베풀어 주어 그 고통과 환란을 없애고 안온함을 얻게 하며, 그런 후에 위없는 법보를 보시하여 방일을 버리고 선근에 편안히 머물러서 부처님 가르침 가운데서 마음이 퇴전함이 없게 한다.

불자들이여, 보살마하살이 감옥 중에서 중생들을 구제할 때 모든 선근으로 이와 같이 회향한다.

이른바 일체 중생이 탐애의 속박에서 구경에 해탈하기를 원하며, 일체 중생이 생사의 흐름을 끊고 지혜의 언덕에 오르기를 원한다.

일체 중생이 어리석음을 멸하여 없애고 지혜

탈일체번뇌전박　　원일체중생　　멸삼계
脫一切煩惱纏縛하며 願一切衆生이 滅三界

박　　득일체지　　구경출리
縛하고 得一切智하야 究竟出離하니라

원일체중생　　영단일체번뇌결박　　도무번
願一切衆生이 永斷一切煩惱結縛하고 到無煩

뇌무장애지지혜피안　　원일체중생　　이제
惱無障礙地智慧彼岸하며 願一切衆生이 離諸

동념사유분별　　입어평등부동지지
動念思惟分別하고 入於平等不動智地하니라

원일체중생　　탈제욕박　　영리세간일체탐
願一切衆生이 脫諸欲縛하야 永離世間一切貪

욕　　어삼계중　　무소염착　　원일체중생
欲하고 於三界中에 無所染著하며 願一切衆生이

득승지락　　상몽제불　　위설법문
得勝志樂하야 常蒙諸佛이 爲說法門하니라

를 생장하여 일체 번뇌의 속박에서 해탈하기를 원하며, 일체 중생이 삼계의 속박을 멸하고 일체 지혜를 얻어서 구경에 벗어나기를 원한다.

일체 중생이 일체 번뇌의 결박을 영원히 끊고 번뇌도 없고 장애도 없는 지위인 지혜의 피안에 이르기를 원하며, 일체 중생이 모든 흔들리는 생각과 사유와 분별을 여의고 평등하고 흔들림 없는 지혜의 지위에 들어가기를 원한다.

일체 중생이 모든 욕망의 속박에서 벗어나 세간의 일체 탐욕을 길이 여의고 삼계 가운데 물들거나 집착하는 바가 없기를 원하며, 일체 중생이 수승한 뜻의 즐거움을 얻어서 모든 부

원일체중생　　득무착무박해탈심　　광대여
願一切衆生이 得無著無縛解脫心하야 廣大如

법계　　구경여허공　　원일체중생　　득보
法界하고 究竟如虛空하며 願一切衆生이 得菩

살신통　　일체세계　　조복중생　　영리세
薩神通하야 一切世界에 調伏衆生하야 令離世

간　　주어대승
間하고 住於大乘이니라

시위보살마하살　　구도뇌옥고중생시
是爲菩薩摩訶薩의 救度牢獄苦衆生時에

선근회향　　위령중생　　보입여래지혜지
善根迴向이니 爲令衆生으로 普入如來智慧地

고
故니라

처님께서 설하시는 법문을 항상 받기를 원한다.

일체 중생이 집착도 없고 속박도 없는 해탈의 마음을 얻어서 광대함은 법계와 같고 구경에 허공과 같기를 원하며, 일체 중생이 보살들의 신통을 얻고 일체 세계에서 중생들을 조복하여 세간을 여의고 대승에 머무르게 하기를 원한다.

이것이 보살마하살이 감옥에서 고통받는 중생들을 구제하여 제도할 때에 선근으로 회향하는 것이니, 중생들로 하여금 여래의 지혜의 지위에 널리 들게 하기 위한 까닭이다.

불자   보살마하살   견유옥수   오처피박
佛子야 菩薩摩訶薩이 見有獄囚가 五處被縛하야

수제고독   방위구핍   장지사지   욕단
受諸苦毒하며 防衛驅逼하야 將之死地하야 欲斷

기명   사염부제일체락구   친척붕우   실
其命에 捨閻浮提一切樂具와 親戚朋友하야 悉

장영결   치고침상   이도도할   혹용목
將永訣하고 置高礎上하야 以刀屠割하며 或用木

창   수관기체   의전유옥   이화분소
槍하야 豎貫其體하며 衣纏油沃하야 以火焚燒하는

여시등고   종종핍박
如是等苦가 種種逼迫하니라

보살   견이   자사기신   이대수지   여아
菩薩이 見已에 自捨其身하야 而代受之를 如阿

일다보살   수승행왕보살   급여무량제대
逸多菩薩과 殊勝行王菩薩과 及餘無量諸大

불자들이여, 보살마하살이 옥에 갇힌 어떤 죄수가 다섯 곳에 결박을 지고 모든 심한 고통을 받으며, 옥졸에게 끌리어 장차 사지에 나아가 그 목숨을 끊으려 할 적에 염부제의 일체 즐길거리를 버리며 친척과 동무들을 모두 장차 영원히 이별하고, 높은 도마 위에 올려놓고 칼로 자르며 혹은 나무창을 사용하여 그 몸을 꿰뚫으며 옷에 기름을 두르고 불로 태우는, 이와 같은 등의 고통이 갖가지로 핍박함을 본다.

보살이 보고는 스스로 그 몸을 버려서 대신 받으려 하기를 마치 아일다 보살과 수승행왕

보살 위중생고 자사신명 수제고독
菩薩이 爲衆生故로 自捨身命하야 受諸苦毒이니라

보살 이시 어주자언 아원사신 이
菩薩이 爾時에 語主者言호대 我願捨身하야 以

대피명 여차등고 가이여아 여치피
代彼命호리니 如此等苦를 可以與我호대 如治彼

인 수의개작
人하야 隨意皆作하라

설과피고 아승지배 아역당수 영기
設過彼苦를 阿僧祇倍라도 我亦當受하야 令其

해탈
解脫이니라

아약견피 장피살해 불사신명 구속
我若見彼의 將被殺害하고 不捨身命하야 救贖

기고 즉불명위주보살심
其苦면 則不名爲住菩薩心이니라

보살과 그 외에 한량없는 모든 큰 보살들이 중생을 위하는 까닭으로 스스로 몸과 목숨을 버리고 모든 심한 고통을 대신 받듯이 한다.

보살이 그때에 옥주에게 말하기를 '원컨대 내가 몸을 버려서 저 목숨을 대신하려 하니, 이와 같은 등의 고통을 나에게 주고 저 사람을 다스리듯이 뜻대로 모두 하라.

설령 저 고통보다 아승지 곱을 넘을지라도 내가 또한 마땅히 받고 그로 하여금 해탈케 하리라.

내가 만약 저 사람이 장차 살해당할 것을 보고도 몸과 목숨을 버려서 그 고통을 대신 받

하 이고　아위구호일체중생　　발일체지보
何以故오 我爲救護一切衆生하야 發一切智菩

리심고
提心故라하나니라

불자　　보살마하살　　자사신명　　구중생
佛子야 菩薩摩訶薩이 自捨身命하야 救衆生

시　이제선근　　여시회향
時에 以諸善根으로 如是迴向하나니라

소위원일체중생　득무단진구경신명　　영
所謂願一切衆生이 得無斷盡究竟身命하야 永

리일체재횡핍뇌
離一切災橫逼惱하나라

원일체중생　의제불주　　수일체지　　구
願一切衆生이 依諸佛住하야 受一切智하야 具

족십력보리기별
足十力菩提記別하나라

고 구제하지 않으면 보살의 마음에 머무른다
고 이름할 수 없다.

무슨 까닭인가? 나는 일체 중생을 구호하기
위하여 일체지의 보리심을 낸 까닭이다.'라고
한다.

불자들이여, 보살마하살이 스스로 몸과 목
숨을 버려서 중생을 구호할 때에 모든 선근으
로 이와 같이 회향한다.

이른바 일체 중생이 끊어짐이 없이 끝까지
이르는 몸과 목숨을 얻어서 일체 횡액과 핍박
을 길이 여의기를 원한다.

일체 중생이 모든 부처님을 의지하여 머물러

원일체중생　보구함식　영무포외　영
願一切衆生이 普救含識하야 令無怖畏하야 永

출악도
出惡道하니라

원일체중생　득일체명　입어불사지혜경
願一切衆生이 得一切命하야 入於不死智慧境

계
界하니라

원일체중생　영리원적　무제액난　상
願一切衆生이 永離怨敵하고 無諸厄難하야 常

위제불선우　소섭
爲諸佛善友의 所攝하니라

원일체중생　사리일체도검병장제악고구
願一切衆生이 捨離一切刀劍兵仗諸惡苦具하고

수행종종청정선업
修行種種清淨善業하니라

일체 지혜를 받아서 십력과 보리의 수기를 구족하기를 원한다.

일체 중생이 함식들을 널리 구호하여 두려움이 없고 악도에서 길이 벗어나게 하기를 원한다.

일체 중생이 일체 생명을 얻고 죽지 않는 지혜의 경계에 들어가기를 원한다.

일체 중생이 원수와 적을 영원히 여의고 모든 액난이 없어 항상 모든 부처님과 선우의 거두어 주시는 바가 되기를 원한다.

일체 중생이 일체 칼과 검과 병장기와 모든 나쁜 고통거리를 버리고 여의어 갖가지 청정한

원 일 체 중 생　　이 제 포 외　　　보 리 수 하　　최 복
願一切衆生이 離諸怖畏하고 菩提樹下에 摧伏

마 군
魔軍하니라

원 일 체 중 생　　이 대 중 포　　어 무 상 법　　심 정
願一切衆生이 離大衆怖하고 於無上法에 心淨

무 외　　　능 위 최 상 대 사 자 후
無畏하야 能爲最上大師子吼하니라

원 일 체 중 생　　득 무 장 애 사 자 지 혜　　　어 제 세
願一切衆生이 得無障礙師子智慧하야 於諸世

간　　수 행 정 업
聞에 修行正業하니라

원 일 체 중 생　　도 무 외 처　　상 념 구 호 제 고 중
願一切衆生이 到無畏處하야 常念救護諸苦衆

생
生이니라

선업을 수행하기를 원한다.

일체 중생이 모든 두려움을 여의고 보리수 아래에서 마군을 꺾어 항복 받기를 원한다.

일체 중생이 대중을 두려워함을 여의고 위없는 법에 마음이 청정하고 두려움이 없어서 능히 최상의 큰 사자후를 하기를 원한다.

일체 중생이 장애 없는 사자의 지혜를 얻고 모든 세간에서 바른 업을 수행하기를 원한다.

일체 중생이 두려움 없는 곳에 이르러 모든 고통받는 중생들 구호하기를 항상 생각하기를 원한다.

시위보살마하살   자사신명   구피임형제
是爲菩薩摩訶薩의 自捨身命하야 救彼臨刑諸

옥수시   선근회향   위령중생   이생사
獄囚時에 善根迴向이니 爲令衆生으로 離生死

고   득어여래상묘락고
苦하고 得於如來上妙樂故니라

〈大方廣佛華嚴經 卷第二十六〉

이것이 보살마하살이 스스로 신명을 버려서 저 사형에 임한 모든 감옥의 죄수를 구호할 때에 선근으로 회향하는 것이니, 중생들로 하여금 생사의 고통을 여의고 여래의 가장 묘한 낙을 얻게 하기 위한 까닭이다."

〈대방광불화엄경 제26권〉

大方廣佛華嚴經 — 부록

●

대방광불화엄경 목차

●

간행사

대방광불화엄경
목차

간 행 사

　귀의삼보 하옵고,

　『대방광불화엄경』의 수지 독송과 유통을 발원하면서 수미정사 불전연구원에서 『독송본 한문·한글역 대방광불화엄경』과 『사경본 한글역 대방광불화엄경』을 편찬하여 간행하게 되었습니다.

　『화엄경』은 우리나라에 전래된 이래 일찍부터 사경되고 주석·강설되어 왔으며 근현대에 이르러서는 『화엄경』의 한글 번역과 연구도 부쩍 많이 이루어졌습니다. 그만큼 『화엄경』이 우리 불자님들의 신행과 해탈에 큰 의지처가 되었던 것임을 알 수 있습니다.

　『화엄경』을 독송하고 사경하는 공덕은 설법 공덕과 함께 크게 강조되어 왔습니다. 그리하여 수미정사 불전연구원에서도 『화엄경』(80권)을 독송하고 사경하는 데 도움이 되도록 한문 원문과 한글역을 함께 수록한 독송본과 한글역의 사경본 『화엄경』 간행불사를 발원하였습니다. 이 『화엄경』 간행불사에 뜻을 같이하여 적극 후원해주신 스님들과 재가 불자님들께 깊이 감사드립니다. 또한 『화엄경』을 수지 독송할 수 있도록 경책의 모습으로 장엄해 주신 편집위원들과 담앤북스 출판사 관계자들께도 고마움을 표합니다.

　끝으로 이 불사의 원만 회향으로 『화엄경』이 널리 유통되고, 온 법계에 부처님의 가피가 충만하시길 기원드립니다.

　나무 대방광불화엄경

불기 2564년 '부처님오신날'을 봉축하며
수미해주 합장

위태천신(동진보살)

수미해주 須彌海住

동국대학교 명예교수
중앙승가대학교 법인이사
대한불교조계종 수미정사 주지

독송본 한문·한글역
대방광불화엄경 제26권

| 초판 1쇄 발행_ 2022년 7월 24일

| 엮은이_ 수미해주
| 엮은곳_ 수미정사 불전연구원
| 편집위원_ 해주 수정 경진 선초 정천 석도 박보람 최원섭
| 편집보_ 무이 무진 지욱 혜명

| 펴낸이_ 오세룡
| 펴낸곳_ 담앤북스
      서울특별시 종로구 새문안로3길 23 경희궁의 아침 4단지 805호
      대표전화 02)765-1251 전자우편 damnbooks@hanmail.net
      출판등록 제300-2011-115호
| ISBN_ 979-11-6201-055-6 04220